차례

프롤로그 4
등장인물 8

쇼킹, 쇼핑 스타의 탄생!

과소비 지수 - 나는 돈을 아껴 쓰고 있을까, 낭비하고 있을까? 18
마케팅 - 가격을 정하는 것도 마케팅이라고? 28
판매 전략 - 왜 비싸도 사고 싶어질까? 38
희소성 - 희귀할수록 비싸다고? 48

삐빅! 한도 초과

소비의 종류 - 나는 어떤 소비 유형일까? 62
파산 - 돈을 모두 써 버린다면? 68
쇼핑과 감정 - 감정이 쇼핑을 결정한다? 76
합리적 소비 - 돈을 어떻게 써야 할까? 82
맞춤형 광고 - 내가 사고 싶은 물건이 sns 광고에 뜨는 이유는? 88

나는 그냥 아꼈을 뿐이야!

가격 결정 - 같은 상품인데, 왜 가격이 다를까? **104**
자린고비 - 돈을 아끼는 사람을 부르는 말 **114**
시전과 난전 - 조선 시대 시장은 어땠을까? **120**
경제 활동의 3요소 - 소비도 필요하다고? **130**

작전! 지갑을 열어라!

쇼핑몰 마케팅 - 왜 쇼핑몰엔 시계가 없을까? **144**
체험 소비 - 눈에 보이지 않는 걸 산다고? **158**
대체재와 보완재 - 바꿔 사는 물건 VS 같이 사는 물건 **160**
옴니 채널 - 온라인으로 산 걸 오프라인에서 찾는다고? **166**

에필로그 **178**

"일단 결제!"

쇼킹, 쇼핑 스타의 탄생!

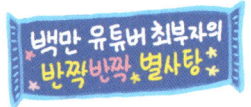

"여러분, 안녕! 오늘은 신상 다이어리를 소개하도록 하겠습니다!"

금리는 책상 앞에 앉아 반짝이는 눈으로 핸드폰을 바라보며 인사했다. 인사하는 금리의 표정에는 긴장감이 흘렀다.

얼마 전, 금리는 '대한민국에서 돈 많이 버는 직업'이라는 제목의 유튜브를 봤다. 유튜버는 의사, 변호사, 판사, 회계사 등을 소개하고, 그들의 연봉을 알려 주었다. 흥미롭게 영상을 보던 금리는 유튜버가 소개한 한 직업을 보고 눈이 동그래졌다. 그 직업은 바로 유튜버!

"유튜버도 돈을 많이 버는구나! 다른 직업은 공부를 잘해야 될 수 있지만, 유튜버는 나도 할 수 있겠어."

금리의 두 눈이 활활 타오르기 시작했다.

"어떤 콘텐츠로 방송을 하지? 먹방, 여행, 뷰티……. 신상품을 소개하는 영상의 조회 수가 쏠쏠하게 나오던데, 나도 신상품 소식이라면 자신 있잖아!"

금리는 시작만 하면 금세 인기 폭발, 곧바로 유명 유튜버가 되어 돈을 쓸어 담을 수 있을 것 같았다. 유튜버로 갑부가 된 황금빛 미래가 눈앞에 잡힐 듯 생생하게 그려졌다.

"돈을 왕창 벌면 그 돈으로 회사를 차려서 우리나라에서 제일 가는 사업가가 돼야지!"

금리는 월급쟁이보다 사업가가 훨씬 좋다는 생각이 들었다. 한참 상상에 빠져 있던 금리는 바로 유튜브 채널을 만들었다. 채널 이름은 'Go 금리'였다.

야심 차게 시작한 금리의 유튜브 채널. 그러나 한 달이 지나도 금리의 채널 구독자 수는 고작 5명밖에 되지 않았다. 심지어 지금 하는 유튜브 라이브 방송의 시청자는 1명이었다. 장사로 치면 금리의 채널은 대박이 아닌 쪽박, 파리만 윙윙 날리는 폭삭 망한 가게와 다름없었다.

'다른 유튜버들은 구독자가 훅훅 빠르게 늘던데, 나는 계속 그대로네. 라이브 방송을 보는 사람도 한 명뿐이야. 힝.'

그러나 오뚜기 같은 금리는 기죽지 않았다.

"자, 오늘 소개할 신상은 바로 주인의 목소리에만 열리는 다이어리입니다!"

금리는 신이 난 표정으로 다이어리가 든 상자를 열었다. 그 순간이었다. 띠링띠링 채팅 창에 글이 올라왔다. 처음 올라온 시청자 글에 금리는 흥분하며 채팅 창을 읽었다.

누나, 물건 좀 그만 사.

"오잉? 누나라고?"

금리는 눈을 비비고 채팅 창을 살펴보았다. 채팅을 한 사람의 닉네임은 '드기드기'였다.

"드기드기? 잠깐, 설마 고이득?"

금리는 벌떡 일어서서 거실로 나갔다. 이득이가 거실 소파에 앉아 핸드폰을 보며 낄낄거리고 있었다. 금리는 성큼성큼 걸어가 이득이의 핸드폰을 빼앗았다. 이득이 핸드폰 화면에는 금리의 유튜브 방송이 나오고 있었다.

"내 방송의 유일한 시청자가 고이득이었다니……. 잠깐, 잘됐다! 너 내 방송에 채팅 좀 많이 해!"

"싫어. 내가 왜 누나 유튜브를 도와줘야 해? 누나 유튜브는 실패 각이야. 봐 봐. 나 없으면 라이브 방송 시청자가 빵

명이라고, 빵 명! 푸하하하!"

금리의 얼굴이 화르르 불타올랐다.

"야! 내가 빵 명이든 빵을 먹든! 지는 수학 빵점이면서! 나 유튜버로 성공해서 꼭 부자 될 거거든!"

그 말에 이득이가 발끈했다. 30점을 맞은 적은 있지만 빵점을 맞은 적은 없었기 때문이다.

"부자? 누나는 용돈보다 더 많이 쓰잖아. 그렇게 **과소비**하면 백 년 뒤에도 부자는 못 될걸!"

혀를 쏙 내밀며 메롱 하는 이득이를 금리는 매서운 눈초리로 째려보았다. 이득이도 금리를 쏘아보았.

찌릿찌릿! 살벌하게 서로를 노려보는 금리와 이득이 사이로 진짜 전기가 통한 듯 무언가 번쩍이더니 환한 빛을 뿜기 시작했다. 금리와 이득이는 눈을 질끈 감았다.

"으악! 눈부셔!"

둘이 눈을 떴을 때는 거실이 아니었다. 공중에서 팔랑팔랑 수많은 종이돈이 흩날리고, 한쪽에서는 동전이 폭포수처럼 쏟아지며 요란한 소리를 냈다. 어디선가 땡그랑땡그랑 돈통에 돈 떨어지는 소리와 함께 치지직 지직 디지털 화폐들이 곳곳에서 네온사인처럼 껌뻑거렸다. 금리와 이득이는 동시에 외쳤다.

과소비 지수

나는 돈을 아껴 쓰고 있을까, 낭비하고 있을까?

내가 적절히 소비하고 있는지 알 수 있는 방법이 있어. 바로 '과소비 지수 계산법'이야.

$$과소비\ 지수 = \frac{월\ 평균\ 수입 - 월\ 평균\ 저축}{월\ 평균\ 수입}$$

과소비 지수는 내가 버는 돈과 저축하는 돈을 이용해서 계산할 수 있어.

내가 가진 돈에서 얼마만큼 저축하는지를 따져 보는 거야.

계산한 값이 0.5보다 낮으면 알뜰히 소비하고 있다고 봐. 0.7보다 높으면 과소비하고 있다고 하지.

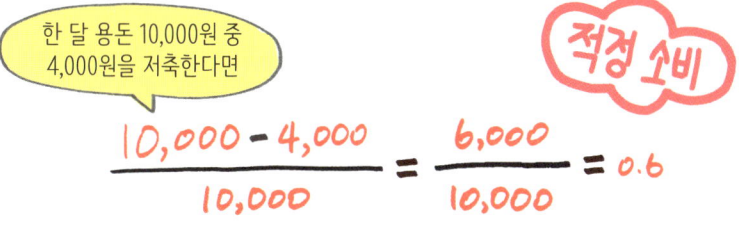

어린이는 수입 대신 용돈으로 계산할 수 있어.

과소비하면 큰돈이 필요할 때 곤란해질 수 있어.
적정한 소비와 저축으로 미래를 대비하자.

"자본주의 편의점!"

그러자 이득이가 기분 나쁜 얼굴로 말했다.

"누나, 내가 말하는 거 따라 하지 마."

금리도 지지 않고 말했다.

"뭐래, 내가 먼저 말했거든!"

바로 그때, 두 사람 사이로 귀에 익은 목소리가 들렸다.

"어서 오세요, 자본주의 편의점입니다."

자본주의 편의점 할아버지였다. 할아버지는 계산대에 서서 금리와 이득이를 흐뭇하게 바라보고 있었다.

"금리 학생, 이득이 학생, 오늘은 같이 왔군요."

할아버지의 말에 금리가 화들짝 놀라며 소리쳤다.

"할아버지, 같이 온 거 아니거든요! 얘가 저 따라온 거거든요! 얘는 왜 이렇게 따라쟁이인지 모르겠어요."

금리의 말에 이득이는 바로 소리쳤다.

"아니에요. 할아버지! 무언가 번쩍하더니 갑자기 편의점에 오게 된 거예요. 누나는 왜 이렇게 착각쟁이인지 모르겠어요."

개와 고양이처럼 다시 아옹다옹하는 두 사람. 그때 금리와 이득이 사이로 모르는 목소리가 끼어들었다.

"인기 유튜버의 원픽을 내 손안에! 최애 유튜버의 편의점

컬렉션을 놓치지 마세요!"

금리가 깜짝 놀라 할아버지를 쳐다보며 말했다.

"여기 다른 손님이 있나요?"

"신상품을 홍보하는 광고 소리예요. 이번에는 특별한 마케팅을 시도해 봤거든요. 인기 유튜버와 콜라보한 제품을 출시했어요."

할아버지의 말을 듣고 금리는 신이 나서 제자리에서 콩콩 뛰었다.

"유튜버와 콜라보한 신상이라고요? 완전 좋아요! 크흠. 할아버지, 저도 유튜버인데 저랑도 콜라보……"

이득이가 옆에서 입을 삐죽이며 금리의 말을 잘랐다.

"구독자 4명밖에 안 돼요. 4명!"

"아니야! 5명이거든!"

"이제 4명이야. 내가 구독 취소했거든."

"뭐? 너 진짜 치사하게 굴래?"

금리와 이득이가 다시 으르렁거렸다. 할아버지는 두 사람을 달래며 둘을 자연스럽게 진열대 쪽으로 이끌었다. 금리와 이득이는 어느새 진열대를 구경하고 있었다.

'연애 유튜버 러블리의 하뚜하뚜 초콜릿', '캠핑 유튜버 강텐트의 바비큐맛 감자칩', '개그 유튜버 히호하하의 썰렁 썰렁 쌀과자'까지 유튜버와 콜라보한 제품이 빼곡히 진열되어 있었다. 금리는 그중 '백만 유튜버 최부자의 반짝반짝 별사탕'을 보고 눈을 반짝였다. '백만 유튜버 최부자의 반짝반짝 별사탕'의 포장지에는 빛나는 별이 그려져 있었고, 안에는 두 개의 별사탕이 들어 있었다.

"백만 유튜버 최부자? 이 별사탕을 먹으면 나도 백만 유튜버가 되려나. 히히."

좀 떨어져 있던 이득이는 금리가 뭘 집었나 하고 흘끗 쳐다보았다. 그러자 금리는 잽싸게 주먹을 쥐어서 별사탕을 숨기며 혼잣말을 했다.

"저 녀석은 내가 백만 유튜버가 되면, 내 팬들 앞에서 내 흉이나 볼 녀석이야. 혼자 가야지."

그리고 금리는 흠흠 헛기침을 하며 아무것도 안 고른 척 연기하다가 이득이가 한눈팔 때 재빨리 계산대로 갔다. 계산대에 도착한 금리는 할아버지에게 속삭였다.

"할아버지, 이거 계산이요."

할아버지는 소리 없이 고개를 끄덕이고는 별사탕을 계산기에 찍었다. 그러고 나서 작은 목소리로 말했다.

"이천 원입니다."

금리는 신이 나서 할아버지에게 이천 원을 주고 별사탕

을 건네받았다. 그리고 얼른 포장지를 뜯어서 사탕 한 알을 입에 넣었다.

　'이득이가 보기 전에 빨리 먹어야지!'

　운석처럼 딱딱했던 별사탕은 입에 넣자마자 바스러지며 조각나더니, 어느새 가루가 되어 사라졌다. 그러자 금리의 머릿속에서 요정이 속삭이는 듯한 목소리가 들려왔다.

　'당신은 최고의 유튜버예요.'

　'사람들은 당신을 좋아해요.'

　이 속삭임에 금리는 자신감이 차오르는 것을 느꼈다.

　"누나! 어딨어?"

　금리가 사라진 것을 알아챈 이득이가 진열대를 오가며 금리를 찾기 시작했다. 금리는 한 개 남은 별사탕을 미처 챙기지도 못하고, 급하게 편의점 문으로 뛰어가며 소리쳤다.

　"할아버지, 안녕히 계세요!"

　"누나, 어디 가? 같이 가!"

　금리는 이득이의 말을 못 들은 척 가게 문을 열었다.

　"구독 취소한 동생에게 발목을 잡힐 순 없지. 나는 인기 유튜버가 될 거라고!"

　금리는 반짝반짝 별사탕처럼 두 눈을 빛내며 자본주의 편의점을 뛰쳐나왔다.

"와, 이게 뭐야?"

편의점 밖은 우주처럼 끝없이 이어진 디지털 세계가 펼쳐져 있었다. 하늘에는 행성들이 둥둥 떠 있고, 건물마다 네온사인 간판과 홀로그램 홍보판들이 화려하게 빛나고 있었다. 커다란 전광판에는 다양한 유튜브 채널이 소개되고 있었다. 거리는 물론이고 하늘 위에 떠 있는 가지각색의 스튜디오에서 라이브 방송이 진행 중이었다. 금리는 신이 나서 주변을 두리번거렸다.

"우아, 저 유튜버는 신기한 장난감을 보여 주고 있네. 아하하, 저 유튜버는 분장이 웃기잖아."

바로 그때, 쿵! 금리의 등 뒤에 누군가가 부딪혔다.

"으악!"

깜짝 놀란 금리가 뒤를 돌아보고는 얼굴을 찌푸렸다. 부딪힌 사람이 다름 아닌 이득이었기 때문이다.

"고이득! 너 여기 어떻게 왔어?"

금리의 말에 이득이는 씩씩거리며 말했다.

"누나가 두고 간 사탕 먹고 왔다. 치사하게 혼자 가냐!"

"너는 네가 사고 싶은 거 사서 돌아가면 되지, 왜 내가 두고 온 거 먹고 따라와!"

"나도 좋아서 따라온 거 아니거든! 누나가 또 사고 칠까 봐 따라온 거거든!"

 금리와 이득이가 또다시 티격태격하며 입씨름을 벌였다. 그때였다. 금리와 이득이 눈앞에 홀로그램 채팅 창이 나타나더니 글씨가 써졌다.

> 쇼핑 유튜브 월드에
> 오신 걸 환영합니다.

 금리와 이득이는 서로의 얼굴을 바라보았다. 금리의 눈이 반짝반짝 빛났다.

 "쇼핑 유튜브 월드래. 날 위한 곳이잖아!"

 금리의 말이 끝나자마자 홀로그램 채팅 창에 새로운 글씨가 써졌다.

> 쇼핑 유튜브 월드는 유튜버들을 위한 별입니다.
> 이곳에서는 영상의 파급력을 기준으로
> 유튜버들의 왕을 뽑습니다.
> 유튜버라면, 실력을 발휘해
> 파급력 지수 100에 도전해 보세요.

"동생, 들었지? 파급력만 높으면 유튜버들의 왕이 될 수 있대. 여긴 정말 날 위해 만들어진 별 같아."

하지만 들뜬 금리와 달리 이득이는 어리둥절한 표정을 지으며 말했다.

"쇼핑 유튜버 월드라고? 파급력은 또 뭐야?"

금리는 한심하다는 표정으로 말했다.

"파급력? 내가 다른 사람한테 얼마나 영향을 끼쳤는지 말하는 거잖아."

"영향을 끼쳤다고? 그걸 어떻게 아는데?"

금리는 이득이의 말에 멈칫했다.

'진짜 그걸 어떻게 알지?'

하지만 동생 앞에서 모르는 걸 티 낼 수는 없었다. 금리가 멈칫한 사이 홀로그램 채팅 창이 다시 나타났다.

> 파급력은 유튜버가 홍보하는 물건을
> 따라 산 사람들의 수로 계산됩니다.
> 최고의 마케팅으로
> 파급력을 높여 보세요.

채팅 창을 본 금리는 신이 나 소리쳤다.

"최고의 **마케팅**? 사람들이 따라 살 물건이라면 신상이지. 까악! 이득아, 당장 쇼핑하러 가자!"

이득이는 부루퉁한 얼굴로 중얼거렸다.

"물건을 홍보하라고? 난 여기 마음에 안 들어. 누나, 집에 가자."

금리는 가당치도 않은 말을 한다는 듯 이득이를 쳐다보더니 힘차게 걸어가기 시작했다.

"여기는 날 위한 곳이야. 고금리가 쇼핑 유튜브 월드를 그냥 지나칠 수 없지."

이득이는 금리를 놓칠까 봐 졸졸 따라가며 외쳤다.

"누나, 같이 가!"

쇼핑 유튜브 월드는 도시의 번화가처럼 곳곳에 커다란 전광판이 번쩍번쩍 빛나고 있었다. 요란하고 자극적인 광고 소리로 가득한 쇼핑 유튜브 월드.

"까악, 이것 좀 봐! 여기는 장난감 랜드, 저기는 캐릭터 랜드! 우아, 저기는 아이돌 랜드야! 이 별은 쇼핑할 게 천지야. 이름을 쇼핑 천국으로 바꿔도 되겠어."

금리는 마치 물 만난 물고기처럼 여기저기 뛰어다녔다. 하지만 이득이는 못마땅한 표정으로 금리 뒤를 따랐다.

"어휴."

마케팅

가격을 정하는 것도 마케팅이라고?

마케팅은 사람들이 어떤 물건이나 서비스를 더 좋게 만들고, 널리 알리고, 사고팔 수 있도록 하는 모든 활동이야.

무엇을 만들고 누구에게 팔지를 정하는 것부터
어떻게 팔 것인지 기획하는 것까지 모두 마케팅이지.

물건의 가격을 정하고,
매장에 유통하고,
사람들에게 홍보하는 것도
모두 마케팅에 들어가.

소비자에게 어떻게 다가가느냐에 따라 마케팅을 구분하기도 해.

마케팅은 우리 주변에 가득해!

이득이가 짧은 한숨을 쉬는 순간, 금리가 눈을 크게 뜨고 숨을 크게 들이쉬었다. 금리 눈앞에 앞에서 본 것과는 비교도 안 될 정도로 어마어마한 구역이 펼쳐져 있었기 때문이다. 그곳은 바로 '세일 랜드'였다.

"이득아, 세일 랜드래. 우리 저기부터 가 보자."

금리는 이득이의 대답도 기다리지 않고 세일 랜드로 발걸음을 재촉했다. 세일 랜드 안에는 옷부터 그릇, 액세서리, 책, 가방, 가구까지 없는 게 없었다. 모든 물건에는 '90% 할인', '1+1 행사', '오늘만 특가' 같은 문구가 붙어 있었다.

"90% 할인이라니 완전 싸잖아. 1+1이면 무조건 사야지."

금리는 세일 랜드 구역에서 이성을 잃은 듯 장난감이랑 액세서리를 정신없이 집어 들었다. 마치 세일 랜드를 통째로 살 기세였다. 이득이가 다급하게 금리를 말렸다.

"누나, 아무리 세일이어도 그렇지, 너무 많이 사지 마. 이거 다 필요한 물건도 아닌데……."

이득이의 말은 금리의 귀에 들어오지도 않았다. 금리의 머릿속에는 별사탕을 먹었을 때 들렸던 '당신은 최고의 유튜버예요'라는 소리가 맴돌았다.

"여기서 물건 잔뜩 사서 영상만 잘 찍어 올리면 나도 금방 스타 유튜버가 될 수 있을 거야."

얼마 지나지 않아 금리의 양손에는 물건들이 잔뜩 들려 있었다. 금리가 물건을 고르는 동안 주변을 둘러본 이득이는 다시 한번 금리를 말렸다.

"누나, 직원도 없는 것 같은데, 다시 갖다 놓자."

세일 랜드는 가격이 싼 대신 계산을 스스로 해야 하는 무인 가게였던 것이다.

"일단 계산대에 물건을 놓으면 계산이 저절로 된다고!"

금리는 계산대로 가서 쇼핑한 물건을 내려놓았다. 1+1 이벤트 중인 귀여운 키링, 목걸이, 모자까지 다양했다. 그러자 계산대 화면에 물건 가격이 띠링띠링 올라가더니 '띵!' 소리와 함께 멈췄다. 총금액은 20만 원이었다. 금리는 당황한 얼굴로 화면을 바라봤고 이득이도 깜짝 놀라 소리쳤다.

"20만 원이야. 누나 돈은 있어? 이거 어떻게 사려고?"

그때 다시 '띵' 소리가 났다. 할인된 금액이 나타나더니 최종 결제 금액이 2만 원으로 바뀌었다. 금리가 다시 눈을 반짝이며 말했다.

"와! 원래 20만 원인데 할인해서 2만 원이 된 거야?"

"그래서 누나 돈은 있냐고!"

이득이의 말에 금리는 말끝을 흐렸다.

"어, 돈? 어……."

갑자기 집에서 자본주의 편의점으로 넘어오는 바람에 금리가 가진 돈은 이천 원이 전부였다. 그마저도 이미 편의점에서 모두 써 버린 것이다. 금리가 머뭇거리고 있자 두 사람 앞에 다시 홀로그램 채팅 창이 나타났다.

> [결제하기]
> 1. 현금 결제
> 2. 카드 결제
> 3. 핸드폰 결제
> 4. 통장에서 바로 출금

홀로그램 채팅 창을 읽은 금리는 먹구름이 걷힌 얼굴로 함박웃음을 지으며 말했다.

"핸드폰으로도 결제할 수 있다고? 신기하다. 그럼 핸드폰으로 결제할래!"

> 핸드폰으로 결제하면
> 다음 핸드폰 요금에 청구됩니다.
> 결제하시겠습니까?

"다음에? 그럼 더 좋지!"

금리는 이득이가 말릴 틈도 없이 핸드폰 결제를 선택했다. 이득이는 얼굴을 찌푸렸다.

"누나, 엄마가 알면 어떡하려고. 엄마한테 혼난다!"

금리는 천연덕스러운 표정으로 이득이에게 말했다.

"아냐. 엄마는 싸게 산 거 알면, 오히려 칭찬하실지도 몰라."

금리는 다시 한번 큰 소리로 외쳤다.

"결제하겠습니다."

'따당 땡그랑 따당 땡그랑' 하며 계산대에서 돈통이 열렸다 닫히는 소리가 났다. 그리고 금리의 핸드폰에서 '띠링' 하고 알림음이 울렸다. 금리는 핸드폰 화면을 확인했다.

[모바일 결제]
20,000원 결제 완료

핸드폰 결제가 완료됐다는 문자를 보고, 금리는 환호성을 질렀다.

"결제가 됐네, 아싸!"

"헉……"

이득이는 충격을 받은 듯 석고상처럼 몸이 굳었다. 하지만 금리는 아랑곳하지 않고 벽 쪽으로 자리를 옮기더니 핸드폰을 꺼내 라이브 방송을 시작했다. 방송 제목은 '단돈 2만 원으로 무려 15개의 물건을 샀습니다'였다.

"안녕하세요! 'Go 금리' 채널의 금리입니다."

라이브 방송을 시작했지만 시청자 수는 아직 0명이었다. 하지만 금리는 개의치 않고 방송을 이어갔다.

"오늘은 제가 엄청나게 많은 물건을 들고 왔어요. 단돈 2만 원으로 무려 15개의 물건을 샀습니다. 90% 할인에 1+1 증정 행사까지 완전 대박이에요."

금리는 물건을 하나둘 꺼내기 시작했다. 그때 기적 같은 일이 일어났다. 놀랍게도 라이브 방송에 사람들이 접속하기 시작했다. 0명에서 1명, 1명에서 5명, 5명에서 10명……. 시청자 수가 점점 많아지더니 어느새 1,000명까지 올라갔다. 라이브 방송 시청자 수는 엘리베이터를 타듯 급속도로 높아졌다. 엄청난 할인 소식에 사람들의 관심이 쏠린 것이다.

"그럼 다음에 또 값싸고, 품질 좋고 예쁜 물건을 들고 올게요. 안녕!"

금리는 손을 흔들고 상큼하게 인사를 한 뒤 라이브 방송을 껐다. 그리고 한껏 들뜬 목소리로 이득이에게 말했다.

"이득아! 내 방송을 1,000명이나 봤어. 대박이지!"

이득이도 금리의 방송을 그렇게 많은 사람이 본 것에 깜짝 놀라 어리둥절했다. 그때 이들 앞에 홀로그램 채팅 창이 다시 떠올랐다.

> 금리 유튜버가 소비 시장에 끼친
> 파급력 지수는 20입니다.

금리는 신이 나서 발을 동동 굴렀다.

"이득아, 봤지? 내 파급력이 20이래!"

"누나 지금 그게 중요한 게 아니야. 2만 원은 갚을 수 있어?"

금리는 아랑곳하지 않았다. 그때 이득이가 쇼핑 유튜브 월드 중앙에 있는 전광판을 가리키며 말했다.

"어, 저기에 누나 채널 나왔어."

금리의 채널에도 파급력 지수가 생긴 덕분에 순위에 올라 전광판에 뜬 것이었다. 그 순간 전광판 화면에서 순위가 사라지더니 인기 급상승 동영상으로 금리의 채널을 소개하는 영상이 떴다.

"나 이러다 진짜 스타가 되겠어!"

그때였다. 어딘가에서 앙칼진 여자아이의 목소리가 들려왔다.

"초반에 파급력 올리는 건 쉽다고, 다음이 어렵지! 오호호."

금리는 깜짝 놀라 고개를 홱 돌렸다. 하지만 거리에 있는 사람들은 모두 제 갈 길을 갈 뿐 금리에게 말을 한 사람은 보이지 않았다.

"이상하다. 방금 날 비웃는 거 같은 소리를 들었는데……. 이득아, 너 무슨 소리 못 들었니?"

이득이는 찌푸린 얼굴로 투덜거리듯 대답했다.

"응, 들었어. 누나가 망해 가는 소리. 와르르 쾅쾅!"

금리는 이득이를 노려본 후 주변을 둘러보았다. 그러나 딱히 수상한 사람은 보이지 않았다. 그런데 이번에는 발랄한 목소리가 들렸다.

"이거 없는 어린이는 설마 없겠지? 없으면 큰일 나는 최신 유행 굿즈만 모았습니다!"

금리는 재빨리 고개를 돌렸다. 그곳에는 커다란 간판이 있었고 그 위에 '아이돌 굿즈 랜드'라고 쓰여 있었다.

"세상에! 아이돌 굿즈 랜드래! 굿즈 영상도 인기 많겠지? 으흐흐."

금리는 핸드폰을 주머니에 넣고 이득이의 팔을 덥석 잡았다. 그러고는 아이돌 굿즈 랜드를 향해 달려갔다. 이득이는 질질 끌려가며 소리쳤다.

"누나 저 말에 넘어가면 안 돼. 저것도 다 **판매 전략**이라고!"

　아이돌 굿즈 랜드에는 세일 랜드와 달리 점원이 있었다. 점원은 금리와 이득이가 도착하자 마치 아이돌을 만난 팬클럽 회원이라도 본 듯 호들갑을 떨면서 둘을 맞이했다.

　"어서 오세요, 여기는 '아이돌 굿즈 랜드'랍니다. 이 아이돌 굿즈가 없다면 당신은 유행에 뒤처진 10대! 지금이라도 늦지 않았어요. 당장 구매하세요!"

　점원은 요즘 가장 인기 많은 아이돌의 캐릭터가 수놓아진 티셔츠부터 응원봉까지 여기저기 전시된 물건들을 손으로 가리켰다. 금리는 점원이 가리키는 물건을 정신없이 둘러보았다.

　"아니, 난 이거 없는데! 이것도, 저것도, 내가 안 가지고 있는 거네. 이렇게 유행에 뒤처지다니, 큰일 날 뻔했어!"

　이득이는 금리를 마뜩지 못한 눈으로 바라봤다.

　"큰일이라고? 지금까지 없어도 잘만 살았잖아."

　이득이의 말에 금리는 날을 세우며 말했다.

　"너처럼 유행을 모르는 애나 그렇지. 나같이 트렌드를 이끄는 사람은 안 그래!"

　그때였다. 금리와 이득이 사이로 까랑까랑한 목소리가 끼어들었다.

판매 전략   왜 비싸도 사고 싶어질까?

처음 본 가격이 기준이 되어 생각이나 결정에
영향을 주는 현상을 '앵커링 효과'라고 해.

이를 이용해 할인 전 가격을 함께 적거나
비싼 옷을 앞쪽에 진열해 비싼 가격을 기준으로 만들기도 해.
뒤에 볼 가격을 더 싸게 느끼도록 만드는 거야.

유행에 따라 상품을 구입하는 현상은 '밴드왜건 효과'라고 해.

많은 사람이 구매하고 있다는 광고 문구를 이용해서
사람들의 심리를 자극하기도 하지.
이건 밴드왜건 효과를 이용한 마케팅 기법이야.

물건 가격이 오르는데도 불구하고 수요가 오히려 증가하는 현상은 '베블런 효과'라고 해.

주위의 시선을 의식하거나
자신의 경제력을 과시하려는 마음을 이용한 거야.
그래서 물건의 가격을 일부러 높게 정하기도 해.

"트렌드를 이끈다고? 네가? 오호호!"

금리가 소리 나는 쪽으로 고개를 돌리니 바깥쪽으로 뻗친 단발머리를 한 금리 또래의 여자아이가 거만한 표정으로 서 있었다. 금리는 세일 랜드 앞에서 들은 웃음소리를 떠올렸다.

"아까 세일 랜드 앞에서 날 비웃는 소리를 들었는데, 혹시 너였니?"

이득이가 어리둥절한 표정으로 말했다.

"누나, 저 문어 머리 누나랑 아는 사이야?"

여자아이가 불쾌한 듯 말했다.

"뭐? 누구 보고 문어 머리래! 내 이름은 허세란이야! 나는 곧 구독자 수 10만 명을 앞두고 있고, 파급력 지수는 80이나 되는 유튜버라고!"

허세란이 거만한 표정으로 자랑하자 금리도 맞받아쳤다.

"10만? 나도 곧 10만이 될 거거든. 시작한 지 얼마 안 돼서 그렇지, 나도 벌써 파급력 지수 20이야!"

"20? 으하하하!"

금리의 말에 허세란은 배를 잡고 요란스럽게 웃었다. 그러더니 기가 찬 듯이 금리를 바라보며 말했다.

"잠깐 파급력 지수가 치솟아서 자신감이 넘친 모양인데,

세일 물건이나 아이돌 굿즈 사는 영상으로는 백날 해 봐야 날 이길 수 없다고."

"왜 못 이겨? 내가 이 아이돌 굿즈 영상만 올려도 너는 따라잡을 수 있어!"

"그래, 시작할 때는 모든 유튜버가 너처럼 꿈과 희망이 가득하지. 그럼, 어디 한번 열심히 해 봐. 파이팅!"

허세란은 금리의 말을 가볍게 무시하고는 꼿꼿한 자세로 아이돌 굿즈 랜드를 나갔다. 멀어지는 허세란의 뒷모습을 바라보며 금리는 이를 바드득 갈았다.

"으윽, 딱 봐도 잘난 척 대마왕, 최악이야! 이름이 허세란이라고 했지? 두고 보자고. 내가 꼭 이기고 말 거야."

금리는 곧바로 핸드폰을 꺼내 라이브 방송을 시작했다. 이번 라이브 방송의 제목은 '나만 없어! 아이돌 굿즈 랜드 아이쇼핑'이었다.

"여러분, 'Go 금리' 채널의 금리가 다시 왔어요! 이번에는 정말 재밌는 곳에 왔어요. 없으면 큰일 나는 물건들이 다 모여 있는 곳이니까 채널 고정하세요."

금리가 핸드폰을 향해 윙크하며 매장 안쪽으로 들어갔다. 이 모습을 본 이득이는 못 볼 걸 본 얼굴로 구역질하는 시늉을 했다.

"으윽, 진짜 이상해. 저런 방송을 누가 봐."

그러나 금리의 라이브 방송 시청자 수는 세일 랜드 때보다 훨씬 빠르게 늘었다. 아이돌 굿즈에 관심 있는 사람들이 몰려와 시청자 수가 엄청나게 많아진 것이다. 덩달아 실시간 채팅도 활발해졌다.

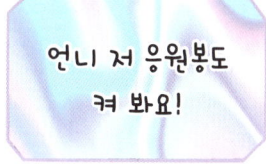
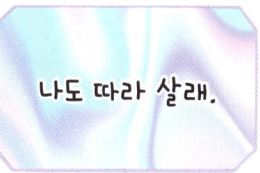

"호호, 이것도 살펴볼까요?"

시청자가 천 명에서 만 명, 그리고 5만 명까지 되자, 금리는 신이 나서 여러 가지 아이돌 굿즈를 살펴보고 사용해 보았다. 그러고는 점원에게 가져갔다.

"이거 다 결제해 주세요."

"30만 원입니다."

금리는 대수롭지 않은 것처럼 점원에게 말했다.

"결제는 핸드폰 결제로 해 주세요."

점원이 계산을 마치자 금리의 핸드폰에서 '띠링' 하고 알림음이 울렸다. 금리는 그 소리를 무시하고, 마지막 인사를 했다.

"여러분 시청해 주셔서 감사해요. 지금까지 여러분의 친구, 금리였어요! '구독'과 '좋아요'도 부탁드려요! 안녕!"

손을 흔들면서 방송을 끈 금리는 그제야 핸드폰 결제를 확인했다.

> [모바일 결제]
> 300,000원 결제 완료

금리와 함께 핸드폰 화면을 본 이득이가 놀라 외쳤다.

"누나, 이걸 다 어떻게 갚으려고? 용돈보다 많잖아!"

금리는 핸드폰 화면을 끄면서 말했다.

"이득아, 너는 늘 아끼기만 하니까 부자가 안 되는 거야. 이것도 다 미래를 위한 투자라고!"

금리와 이득이 눈앞에 홀로그램 채팅 창이 나타났다.

> 금리 유튜버가 소비 시장에 끼친
> 파급력 지수는 20입니다.

금리는 실망스러운 표정으로 고개를 갸우뚱거렸다.

"이상하네. 조회 수는 아까보다 훨씬 높은데, 왜 파급력 지수가 똑같지?"

금리의 말에 이득이는 불안한 목소리로 말했다.

"누나, 돈을 이렇게 많이 썼는데, 파급력 지수가 안 오른 걸 보면 큰일 난 거 아냐? 우리 이러다가 빚 때문에 집에 못 가는 거 아냐?"

그때였다. 유튜브 월드 중앙에 있는 전광판의 화면에 파급력 지수의 순위가 업데이트되었다. 순위를 본 금리의 입이 떡 벌어졌다.

"허세란? 허세란이 일등이라고?"

조금 전 금리를 약올리고 사라진 바로 그 아이, 허세란의 파급력 지수는 무려 90이었다. 곧이어 전광판에서 허세란의 언박싱 영상이 나왔다. 화면 속에서 허세란은 큰 상자를 들고 환하게 웃고 있었다.

"여러분, 오늘은 운동화를 갖고 왔어요. 엄청 비싼 건데, 아빠가 구해 주셨어요. 감사해요. 아빠."

그러자 '부럽다', '나도 갖고 싶다'는 글이 시청자 채팅 창에 쉴 새 없이 올라오기 시작했다. 채팅 창을 멍하니 쳐다보던 금리는 뭔가를 알아차린 듯 "아!" 하고 짧은 감탄사를 내뱉었다. 이득이는 금리 쪽으로 고개를 돌렸다.

"이유를 알았어. 아까 허세란이 그랬잖아. 아이돌 굿즈로는 자기를 이길 수 없다고. 쟤는 비싸고 구하기 힘든 걸 방송했잖아. 그게 차이였던 거야."

이어지는 금리의 말에 이득이의 얼굴은 굳어졌다.

"저 문어 머리를 이기려면 나도 구하기 어려운 비싼 물건을 사야 해!"

"뭐라고? 누나, 지금까지 30만 원도 넘게 썼잖아. 그 돈은 어떻게 갚으려고 그래!"

이득이가 금리를 말렸지만 금리는 고개를 절레절레 흔들었다.

"그건 나중의 나에게 넘긴다, 가자!"

"누나, 이러면 안 된다고!"

금리는 이득이의 팔을 잡고는 아이돌 굿즈 랜드에서 나갔다. 그러고는 유난히 멋진 간판을 발견하고는 총알처럼 그곳을 향해 달려갔다. 그곳은 '한정판 랜드'였다.

"이곳이야!"

한정판 랜드는 세일 랜드, 아이돌 굿즈 랜드와는 다른 분위기였다. 입구에는 멋진 정장을 입은 점원이 서 있었다.

"어서 오세요. 편한 자리로 모시겠습니다."

금리와 이득이는 약간 당황해하며 점원을 따라갔다. 점원은 진열장 쪽으로 가지 않고 응접실로 두 사람을 안내했다. 푹신한 소파와 긴 테이블이 놓인 고급스러운 곳이었다.

"어떤 제품에 관심 있으십니까?"

금리는 눈을 빛내며 말했다.

"한정판! 한정판이요!"

점원은 작게 웃고는 말했다.

"잠시만 기다려 주세요. 이달의 한정판을 소개해 드리겠습니다."

이윽고 하얀 면장갑을 낀 점원이 조심스럽게 세 개의 물건을 가져왔다.

"첫 번째 상품은 우리나라에 단 3개만 들어온 **희소성** 있는 시계입니다. 두 번째 상품은 세계적인 K-POP 아티스트와 함께 만든 스페셜 신발입니다. 세 번째 상품은……."

상품 설명과 함께 안내된 가격은 상상을 초월했다. 세일랜드와 아이돌 굿즈 랜드에서 파는 물건들보다 0이 두세 개씩 더 붙어 있었다. 설명을 듣던 이득이가 금리의 옆구리를 쿡쿡 찌르며 속삭였다.

"누나, 한정판이라는 게 '한숨이 나올 만큼 비싼 거'라는 뜻인가 봐."

금리도 물건의 가격을 듣고는 멈칫했다. 하지만 곧 머릿속에 허세란의 영상이 떠올랐다.

 **희소성** 희귀할수록 비싸다고?

어떤 것이 매우 드물고 적어서 가치 있다는 뜻이야.

드물 희(稀), 적을 소(少), 특성 성(性)

사람들의 물질적인 욕구에 비해 그 욕망을 충족시킬 수 있는 물건의 양이 부족할 때 이것을 '희소성'이라고 해.

원하는 사람 > 재화의 양 = **희소성이 높다**
원하는 사람 < 재화의 양 = **희소성이 낮다**

재화 사람이 바라는 바를 충족시켜 주는 물건.

재화를 원하는 사람과 재화의 양을 비교해서 희소성이 낮다거나 높다고 표현해.

희소성이 0이야!

희소성에 따라 재화를 나누기도 해.
공기나 햇빛처럼 누구나 공짜로 무한히 쓸 수 있는 건 자유재야.

그리고 누구나 함께 쓸 수 있는 재화를 '공공재'라고 해.
보통은 국가나 시청 같은 공공기관이 만들어서 관리하지.

장난감이나 과자처럼 대가를 지불해야 하는 건 '경제재'라고 해.
대부분의 물건이 경제재지.

경제재 중에서도 희소할수록 가치가 생기는 걸 '위치재'라고 해.
값비싼 보석이나 고급 자동차 등이 위치재야.

'흥! 그 문어 머리한테 지지 않겠어.'

금리의 눈이 이글이글 타올랐다. 금리는 점원에게 단호하게 말했다.

"지금 보여 주신 거, 전부 다 주세요."

"고객님, 안목이 뛰어나시네요. 잠시만 기다려 주세요. 바로 준비해 드리겠습니다."

점원의 눈이 반짝 빛났다. 이득이의 눈은 더 커졌다.

"누나 미쳤어? 정신 차려!"

이득이가 금리를 말렸지만 금리는 단호했다.

"결제는 핸드폰 결제로 할게요."

점원이 계산을 마치자 곧 '띠링' 하고 알림음이 울렸다. 핸드폰 화면에 찍힌 금액은 무려 100만 원!

"히익! 100만 원!"

이득이는 충격을 받아 입가에 보글보글 거품을 물었다. 하지만 금리는 아무렇지 않은 듯 창을 획 넘기더니, 바로 라이브 방송을 켰다.

"여러분! 저 오늘 기분이 꿀꿀해서 쇼핑을 좀 했거든요. 그랬더니 제가 여기서 하루 만에 VIP가 되었지 뭐예요!"

채팅 창에는 빠른 속도로 글이 올라오기 시작했다.

> 세상에, 몇 개를 산 거야?

> 한정판이면 엄청 비쌀텐데…….

> 재벌집 막내딸인가 봐. 부럽다.

채팅 창만 불이 붙은 게 아니었다. 시청자 수가 10만에서 20만, 50만으로 늘어나더니 100만 명까지 돌파했다.

"여러분, 많이 봐 주셔서 감사해요! '구독'과 '좋아요'도 부탁드려요!"

금리가 라이브 방송을 끝내자 홀로그램 창이 나타나 파급력 지수를 보여 주었다.

> 금리 유튜버가 소비 시장에 끼친 파급력 지수는 100입니다.

홀로그램 채팅 창을 본 금리는 환호성을 지르며 이득이를 바라봤다.

"이득아! 내 파급력 지수가 100이야!"

"누나, 지금 그게 중요한 게 아니야. 결제 금액 다시 봐 봐. 100만 원이라니!"

이득이가 금리를 진정시키려 했지만 금리는 아무 소리도 들리지 않는 듯했다.

"이게 제일 중요해! 이젠 내가 일등일 거야. 나가 보자."

오히려 금리는 이득이의 손을 잡고 매장 밖으로 나갔다. 중앙에 있는 전광판뿐만 아니라 쇼핑 유튜브 월드 곳곳에 있는 전광판에 금리의 채널 이름이 새겨졌다. 곧이어 모든 사람들 앞에 홀로그램 채팅 창이 나타났다.

> 쇼핑 유튜브 월드에서
> 파급력 지수 100을 달성한
> 유튜버 고금리에게
> 왕관을 수여합니다.

"아자!"

금리가 금메달이라도 딴 듯 환호성을 지르며 기쁨의 세리머니를 펼쳤다. 그 옆에서 이득이는 복잡한 표정으로 서 있었다.

"누나, 여기는 쇼핑 유튜브 월드가 아니라 파산핑 월드 같

아. 도대체 나중에 어쩌려고 그래."

금리를 걱정하고 있는 이득이 앞에 또 다른 홀로그램 채팅 창이 나타났다.

> 쇼핑 유튜브 월드에서
> 하나도 쇼핑하지 않은 당신은
> 파급력 지수 0으로 강제 퇴장됩니다.
> 안녕히 가십시오.

"뭐라고? 강퇴라고? 내가?"

이득이는 채팅 창을 확인하고 놀라서 말을 더듬었다. 강제 퇴장을 당할 거라고 전혀 예상하지 못했던 것이다. 당황한 이득이는 기쁨에 취해 있는 금리를 부르려고 했다. 그 순간 이득이가 서 있던 바닥이 스프링처럼 바뀌더니, 이득이를 저 멀리 또잉! 뚜웅! 날려 버렸다.

"엄마야!"

이득이는 어찌할 틈도 없어 허공을 날랐다. 한편 자신의 채널이 나오는 전광판에서 눈을 떼지 못하던 금리는 이득이가 사라진 줄도 모르고 이득이를 불렀다.

"이득아, 저기 봐 봐, 멋지지? 히히."

하지만 이득이는 어디에도 없었다.

돈 좀 빌려 줘······

누…누나!

〈영수증 랜드〉
소비한 자,
갚아라

삐빅! 한도 초과

"으아아아아악!"

쇼핑 유튜브 월드에서 튕겨 나온 이득이는 발이 바닥에 닿는 것을 느꼈다. 그 순간 이득이는 눈을 뜨고 주변을 둘러보았다.

"오잉?"

낯익은 풍경이었다. 이득이는 다시 두 눈을 비비며 주변을 둘러보았다. 이득이가 서 있는 곳은 다름 아닌 집! 집 앞이었다.

"세상에나! 강제 퇴장이라고 하더니 그냥 집에 온 거잖아! 만세!"

이득이는 신나서 두 팔을 번쩍 들고 만세를 불렀다. 그러나 이득이는 곧 무언가를 깨달은 듯 표정이 굳어졌다. 금리가 보이지 않았던 것이다.

"누나! 금리 누나!"

이득이는 이리저리 뛰어다니며 금리를 찾았지만 금리의 모습은 보이지 않았다.

"누나는 다른 골목에 떨어진 거겠지? 나만 돌아온 건 아니겠지. 설마……."

이득이는 스물스물 불안감이 올라왔다. 그때 누군가가 이득이 이름을 불렀다.

"야, 고이득."

"앗! 깜짝이야. 제수찬?"

같은 반 친구 수찬이었다. 수찬이는 이득이 곁으로 바짝 다가오더니 웅얼거렸다.

"이득아, 너 혹시……."

하지만 금리를 찾는 일이 급했던 이득이는 수찬이의 말을 끊으며 말했다.

"수찬아, 너 혹시 우리 누나 못 봤니?"

"아니. 근데 이득아, 너 혹시……."

"못 봤다고? 수찬아, 내가 지금 좀 바빠. 이만!"

이득이가 자리를 뜨려 하자 수찬이가 이득이를 잡으며 말했다.

"고이득! 나 돈 좀 빌려줘!"

이득이는 깜짝 놀라 수찬이를 바라봤다.

"제수찬, 너 지금 나한테 돈 빌려 달라고 한 거야?"

수찬이가 민망한 듯 고개를 끄덕였다.

"세상에 제수찬, 네가 나한테 돈을 빌려 달라고 하다니……."

이득이는 믿기지 않는다는 표정으로 수찬이를 바라보았다. 평소 수찬이는 이득이에게 경제관념이 없다고 가르치려 들었기 때문이다.

수찬이는 머쓱해하며 조심스럽게 말을 이어갔다.

"사정이 생겨서 그래."

"사정, 무슨 사정?"

"그건 얘기하기가 좀……."

이득이는 콧방귀를 뀌며 말했다.

"그래, 그럼 나도 사정이 있어서 이만……."

이득이가 다시 걸음을 옮기려고 하자 수찬이가 이득이의 팔을 붙잡으며 사정을 털어놓았다.

"유튜버가 물건을 싸게 팔길래 몇 번 따라 샀거든. 근데 그게 아무래도 충동 **소비**를 한 것 같아."

"이미 산 건데 돈이 왜 필요해?"

이득이가 고개를 갸우뚱하며 말했다.

"결제를 다 핸드폰 결제로 했거든."

이득이는 순간 정신이 멍해졌다.

"핸드폰 결제? 너도 핸드폰 결제로 막 쇼핑한 거야?"

핸드폰 결제는 쇼핑 유튜브 월드에서 금리가 과소비할 때 쓰던 방법이었다. 그런데 수찬이도 그렇게 쇼핑했다니 놀라울 따름이었다.

"근데 우리들은 핸드폰 결제 못 하게 되어 있잖아. 어떻게 한 거야?"

"엄마 이름으로 된 핸드폰이어서 결제가 되더라고. 나중에 갚으려고 했는데, 용돈으로 하려니 많이 모자라서……."

"세상에! 그런 방법은 찾으면서 돈 갚을 방법은 못 찾은 거야? 못 갚을 거 같으면 애초에 사지 말았어야지!"

이득이의 말에 수찬이는 발끈했다.

"잔소리는 그만. 너 아주 신나 보인다. 그래서 고이득, 빌려줄 거야, 말 거야?"

이득이는 미간을 찌푸린 채 생각에 잠겼다가 단호하게 말했다.

"수찬아, 못 빌려주겠다. 나 돈이 없거든."

"말도 안 돼. 너 지난번에 나한테 저금 통장 자랑했잖아. 딱 한번만 빌려줘라. 다음 달에 진짜 꼭 갚을게!"

소비의 종류

나는 어떤 소비 유형일까?

물건을 살 때는 물건의 필요성과 가격 등을 따져 보고 구매해야 해.
이를 '합리적 소비'라고 하지.

하지만 우리는 때로 합리적이지 않은 소비를 하기도 해.

계획 없이 순간적인 감정에 이끌려서 물건을 구매하기도 해.

자신을 뽐내기 위해서 물건을 구매하기도 해.

물건을 사고 싶은 마음을 참지 못해서 계속 물건을 구매하는 경우도 있어.

이렇게 소비하다 보면 꼭 필요한 물건을 사지 못할 수 있어.
합리적인 소비를 할 수 있도록 소비 계획을 세워 보자.

수찬이는 이득이를 간절한 눈빛으로 쳐다봤다. 하지만 이득이는 고개를 저으며 다시 한번 단호하게 말했다.

"나도 적금 넣느라 빠듯하거든."

수찬이는 한 발짝 물러서더니 팔짱을 꼈다. 그리고 잠깐 생각에 잠기더니 이득이를 노려보며 쏘아붙였다.

"야, 고이득. 너 어디 가서 내 소문내지 마. 그랬다간 가만히 안 둘 거야. 알았어?"

말을 마친 수찬이는 획 돌아섰다. 이득이는 고개를 가로저으며 혼잣말을 했다.

"저렇게 막 쇼핑을 하면 어쩌려고 저러지. 금리 누나랑 똑같아. 최악이야."

한편 쇼핑 유튜브 월드에 남아 있는 금리도 사라진 이득이를 찾아 헤매고 있었다.

"이득아! 고이득! 도대체 어디로 간 거야?"

금리가 두리번거리고 있는데, 전광판을 보던 몇몇 사람이 금리에게 다가왔다.

"혹시⋯⋯ Go 금리 채널의 금리 유튜버 맞죠?"

"금리 유튜버를 실제로 보다니⋯⋯. 일등 축하해요!"

처음엔 어리둥절했던 금리는 금세 신이 나서 손을 흔들

며 말했다.

"감사합니다! 앞으로도 제 채널 많이 봐 주세요."

사람들의 칭찬은 마치 편의점에서 별사탕을 씹었을 때 들렸던 말같이 달콤하면서도 황홀해서 금리의 마음을 무장 해제시켰다. '잘했다', '대단하다'는 말들이 금리의 마음속 깊이 새겨졌다.

"현실에서는 라이브 방송 시청자가 고이득 한 명뿐이었는데……."

금리는 점점 이곳이 좋아졌다. 사람들의 관심이 자신을 반짝이게 해 주는 것 같았다.

'이득이는 사라진 게 아니라 집으로 돌아간 거겠지. 난 조금만 더 있어 볼까?'

어느새 금리는 이득이 걱정은 사라지고 다음 콘텐츠를 뭘 찍을지, 어떻게 더 많은 시청자를 모을 수 있을지를 고민하고 있었다.

한편 이득이는 금리 걱정이 이만저만이 아니었다. 금리의 핸드폰 결제 빚은 수찬이보다 훨씬 심각할 것 같았기 때문이다.

"수찬이는 똑똑하기라도 하지, 우리 누나는……."

이득이는 하늘을 바라보며 큰 소리로 금리를 불렀다.

"누나! 어디 있어! 돈을 좋아하면서 맨날 쓰기만 하는 금리 누나!"

바로 그때였다. 하늘에서 번쩍이는 무언가가 빠른 속도로 이득이에게 달려왔다. 마치 헤드라이트를 켠 트럭 같았다.

"뭐지? 트럭? 오토바이?"

그것은 순식간에 이득이 머리 바로 위까지 내려왔다. 하늘에서 내려꽂힌 그것의 정체는 바로 자본주의 편의점!

"으악! 이득이 살려!"

쾅! 번쩍! 자본주의 편의점이 땅에 부딪치자 '치직 치직' 하며 불꽃이 일었다. 이득이는 깜짝 놀라 자빠졌다가 곧장 벌떡 일어나 자본주의 편의점을 쳐다보았다. 자본주의 편의점은 계속 불꽃이 번쩍이고 있었다.

'웬 불꽃이지?'

이득이는 자본주의 편의점에 들어가기 위해 문고리를 잡았다. 그 순간, 치지지직 번쩍번쩍 수많은 불꽃이 일더니 이득이의 몸속에 전기가 흘러 들어갔다. 엑스레이를 찍을 때처럼 이득이의 몸은 해골 모습과 실제 모습이 번갈아 나타났다.

"으악! 이게 뭐야!"

전기 충격에 놀란 이득이는 얼른 문을 열고 편의점으로

들어갔다. 그러자 이득이 머리 위로 지폐와 동전들, 디지털 화폐들이 요란하게 퍼레이드를 펼치기 시작했다.

"하…… 하라버지……."

전기 때문에 머리카락이 하늘 높이 솟은 이득이는 입에서 연기를 내뿜으며 할아버지를 불렀다. 할아버지는 이득이를 보고 웃으며 말했다.

"오, 이득 학생. 오늘은 들어오기 전부터 고생이군요."

"고생? 맞아요. 누나 때문에 제가 왕고생이에요."

"금리 학생을 말하는 건가요?"

"네, 사고뭉치 고금리 누나요! 혹시 누나 못 보셨어요?"

"금리 학생은 여기 다시 안 왔어요. 무슨 일 있나요?"

"아까 별사탕 먹고 누나랑 쇼핑 유튜브 월드에 갔거든요. 그런데 누나가 뒷일은 생각 안 하고 막 핸드폰 결제하고 방송하고 난리였어요!"

"저런."

할아버지는 안타깝다는 듯 인상을 찌푸렸다.

"그런데 저는 소비를 안 했다고 쫓겨났어요. 누나도 같이 나온 줄 알았는데, 저만 나온 것 같아요. 어떻게 하죠? 벌써 **파산**했을지도 몰라요. 빨리 다시 가서 누나를 데려와야 해요!"

파산 돈을 모두 써 버린다면?

파산은 재산을 모두 잃고 망한 상태를 말해.

빚을 진 사람이 빚을 갚을 수 없는 상태에 빠졌을 때 법원이 파산 결정을 내리는 행위를 뜻하기도 하지.

예전에는 파산 선고를 받으면 변호사, 공무원 등 신용과 도덕성이 중요한 직업을 가질 수 없었어. 2025년부터 법이 바뀌면서 이런 제한이 줄어들고 있지.

남은 재산이 있더라도 최소한의 생계 유지에 필요한 재산을 제외하고는 쓸 수 없어.

그래서 우리나라는 성실하지만 불운해서 생긴 파산자의 빚을 없애 주는 '면책' 제도가 있어. 재도전 기회를 주는 거지.

하지만 면책이 된다고 하더라도 가지고 있던 돈이나 신용 점수가 돌아오지는 않아. 파산하지 않도록 계획적으로 소비하는 게 중요해.

할아버지는 숨도 안 쉬고 말을 쏟아 내는 이득이에게 위에서 아래로 손짓을 하며 마음을 가라앉히라고 했다. 잠시 후, 이득이의 흥분이 가라앉자 싱긋 웃으며 말했다.

"이득 학생, 지금 매우 급한 상황이네요. 마침 정신을 번쩍 차리게 한다는 제품이 들어왔어요."

"네? 그게 뭔데요? 할아버지!"

할아버지는 편의점 끝 쪽에 있는 진열대를 가리켰다. 그 진열대에서 무언가가 별처럼 반짝반짝거렸다.

"저게 뭐예요?"

이득이는 궁금해하며 진열대 앞으로 갔다. 그곳에는 눈을 질끈 감게 할 정도로 번쩍이는 물건이 놓여 있었다. 그것은 포장지에 전기뱀장어가 그려진 '정신이 번쩍! 전기뱀장어 양갱'이었다.

"오잉? 전기뱀장어 양갱이라고?"

이득이는 전기뱀장어 양갱을 들고 계산대로 갔다. 할아버지는 그것을 보고 밝은 얼굴로 말했다.

"가격은 220원! 220볼트에서 따와서 220원이에요."

결제를 마친 이득이는 포장지를 벗겼다. 그리고 진한 밤색의 전기뱀장어 양갱을 한입 베어 물었다.

치지직!

그 순간 이득이가 전기에 감전되었다. 깜짝 놀란 이득이는 양갱을 바닥에 떨어뜨렸다.

"하라부지! 져기 오라써요!"

이득이가 혀가 꼬인 채 말하자 할아버지는 크게 웃더니 양갱을 주워서 이득이에게 내밀었다.

"어때요, 이득 학생. 정신이 번쩍 들지요?"

"할아버지, 정신이 번쩍 들어야 하는 건 제가 아니라 누나예요."

이득이가 할아버지에게서 양갱을 받아들었다.

치지직!

이득이의 몸에 전기가 또 흘렀다.

"어? 할아버지, 저 전기맨이 되었나 봐요!"

전기에 감전되어 눈이 축구공만큼 커진 이득이를 보고 할아버지가 의미심장하게 말했다.

"자, 이제 금리 학생 정신을 번쩍 들게 할 수 있겠죠?"

이득이는 할아버지의 말을 정확히 이해하고 고개를 끄덕이려고 했다. 그러나 전기에 감전된 몸이 제멋대로 움직였다.

"으악! 몸이 제멋대로 움직여요, 할아버지. 저 가요!"

이득이는 로봇 댄스를 추듯 몸을 이리저리 비틀며 편의

점 문을 열고 나갔다. 이득이의 몸에서 흐르는 전류가 얼마나 강했던지 편의점 안에 남아 있는 전기가 불꽃을 일으켰다. 그러더니 '펑!' 하고 편의점 안의 형광등이 터져 버렸다. 할아버지는 터진 형광등을 보면서 작게 한숨을 쉬며 혼잣말을 했다.

"이번 여행은 여느 때보다 짜릿한 여행이 될 거 같군요."

자본주의 편의점에서 나온 이득이가 도착한 곳은 디지털 세계. 커다란 전광판에 유튜브 채널이 소개되고, 거리에는 화려한 간판들이 빛나는 쇼핑 유튜브 월드였다. 살아 있는 전기 인간이 된 이득이가 눈을 부릅뜨며 말했다.

"돌아왔다! 쇼핑 유튜브 월드!"

이득이는 여기저기 둘러보며 금리를 찾았다.

"누나! 나 돌아왔어! 내 목소리 들려?"

아무리 외쳐도 금리의 목소리는 들려오지 않았다. 이득이가 문득 생각난 듯 고개를 들어 전광판을 올려다보았다. 마침 유튜버들의 순위가 새겨지고 있었다. 이득이는 1위에서 2위로, 2위에서 3위로 시선을 내리며 금리의 이름을 찾았지만 보이지 않았다.

"아이, 누나 어디 간 거야? 순위가 완전히 떨어졌나 봐. 빨리 찾아야 되는데…….”

이득이는 잠시 고민하다가 마지막으로 금리와 함께 있었던 장소를 떠올렸다.

"일단 한정판 랜드로 가 보자. 거기 없으면 물어보지 뭐.”

이득이는 결심한 듯 뛰어갔다. 한정판 랜드에 도착한 이득이는 익숙한 얼굴을 발견했다. 바로 지난번에 한정판 랜드를 안내한 점원이었다. 점원은 매장에 들어서는 이득이를 보고 인사했다.

"어서 오세요.”

이득이도 반갑게 인사하며 말했다.

"안녕하세요. 오늘은 쇼핑하러 온 건 아니고요. 누나를 찾으러 왔어요.”

"누나요?”

"네! 좀 전에 여기서 물건을 잔뜩 사고 파급력 일등 한 고금리 유튜버요! 제가 동생이거든요.”

점원은 잠시 생각하더니 무언가 떠오른 듯 싱긋 웃었다.

"아, 일주일 전에 고금리 유튜버와 함께 오신 분이시군요. 그런데 지금 고금리 유튜버는 저희 매장에 없습니다.”

"예? 벌써 일주일이나 지났다고요?”

깜짝 놀라는 이득이에게 점원은 안타까운 듯 대답했다.

"예. 고금리 유튜버가 파급력 일등을 했던 건 일주일 전이에요. 그 뒤로 순위가 많이 떨어져서 저도 안타깝습니다. 어제도 저희 매장에 오셔서 물건을 사 가셨는데 말이죠."

쇼핑 유튜브 월드에서의 시간은 현실과 다르게 흘렀던 것이다.

"그게 일주일 전 맞아요? 아니 잠깐, 누나가 어제도 와서 물건을 샀다고요? 이 누나가 진짜 거지가 되려나 봐!"

이득이는 당황해서 횡설수설했다.

"오늘은 안 오셨어요. 저희 매장 말고 다른 곳도 자주 방문하시더라고요."

이득이는 점원의 말을 듣고 나니 온몸에 전기가 더욱 강하게 모이는 느낌이었다.

"철이 없어도 이렇게 없을 수가……. 두고 보자고. 내가 제대로 정신 들게 해 줄 테니까."

치지직 치직. 이득이의 주변에 전기 자기장이 일어나자 그걸 본 점원이 놀라서 뒷걸음질쳤다. 이득이는 점원에게 서둘러 인사하고, 금리를 찾기 위해 한정판 랜드를 나왔다.

이득이는 거리로 나와서 매장들을 둘러보았다. 그러나 금리의 모습은 보이지 않았다. 이득이가 지쳐서 쉴 곳을 찾아 두리번거릴 때였다. 멀리서 금리의 뒷모습이 얼핏 보였다.

구름 위로 이어진 에스컬레이터를 타고 올라가고 있었다.

"누나! 금리 누나!"

이득이는 빠르게 금리를 뒤쫓았지만 금리는 에스컬레이터를 타고 구름 뒤로 사라진 뒤였다. 이득이도 에스컬레이터를 타고 금리를 따라갔다. 구름을 지나 이득이가 도착한 곳은 '기분파 랜드'였다.

"우아, 여긴 또 어디지?"

구름처럼 새하얀 대리석 바닥 위에 반짝반짝 무지개 구조물, 뿔이 달린 유니콘, 날개가 달린 돌고래 등 상상 속에서만 보던 동물들이 정교하게 조각되어 있었다. 그리고 공중에는 글귀 하나가 둥둥 떠다녔다.

기분이 안 좋을 때는 쇼핑을 하세요!

하늘에 떠 있는 글귀를 본 이득이가 어이없다는 듯 중얼거렸다.

"기분이 안 좋을 때는 **쇼핑**을 하라고? 기분이랑 쇼핑이랑 무슨 상관이지? 엄마가 감정이 안 좋을 때 마트에 가면 많이 사게 된다고 가면 안 된다고 했는데, 여기는 정반대로 말하네."

쇼핑과 감정

감정이 쇼핑을 결정한다?

> 사람들의 소비 결정 중
> 95%가 무의식 상태에서 이뤄진다.
>
> - 하버드 대학교 제럴드 잘트먼 교수 -

많은 학자들이 사람들이 쇼핑을 할 때
감정에 크게 영향을 받는다고 말했어.

실제로 사람들은 슬픈 감정을 느꼈을 때
물건을 더 많이 사게 된다고 해.
상실감을 쇼핑으로 채우려는 거야.

어? 이게
마지막 돈이네……

현금을 쓰면
뇌는 고통을 느낀다고 해.
돈이 줄어드는 게
보이기 때문이지.

신용카드는 결제 후에
돌려받기 때문에
상실감을 덜 느끼고,
돈을 더 쉽게 쓸 수 있어.

브랜드는 이야기를 담은 광고로
감정 조절을 담당하는
뇌 부위인 '편도체'에 저장이 돼.

브랜드를 보면 자동으로 뇌가 반응해 물건을 구매하게 되는 거지.
감정은 우리가 물건을 구매하는 데 많은 영향을 줘.

이득이는 다시 정신을 차리고 금리를 찾았다. 하지만 놀이동산에 온 것처럼 들떠 보이는 사람들만 북적거릴 뿐 금리는 보이지 않았다.

"분명 여기로 올라왔는데……. 고금리! 누나 어딨어!"

그러나 이득이의 외침은 사방에서 울리는 소리에 묻히고 말았다.

"이걸 사면 기분이 수직 상승!"

"속상하신가요? 그럼 이 특별 생크림 케이크를 드세요. 우울한 기분 따위는 금방 잊을 거예요."

사람들은 여기저기서 들리는 소리에 홀린 듯 가게로 발걸음을 옮겼다. 그리고 한 목소리가 이득이의 마음을 사로잡았다.

"혹시 지금 막막하고 절망스럽나요? 그렇다면 이 게임을 해 보세요! 당신의 걱정을 싹 날려 버리고, 행복한 기분을 선물해 줄 거예요."

이득이는 그 소리를 따라갔다. 그곳에는 작은 게임기가 있었다. 이득이가 게임기를 잡으려는 순간 누군가가 게임기에 손을 내밀었다. 이득이는 그 손에서 팔, 어깨, 얼굴로 시선을 옮겼다. 이득이의 눈이 커졌다. 금리, 그토록 찾아 헤매던 금리였다.

"금리 누나!"

자기 이름을 부르는 소리에 금리가 고개를 들었다. 이득이를 발견한 금리가 놀라며 말했다.

"어, 고이득! 너 어디 갔었어?"

"어디 가긴. 원래 세계에 갔다 왔지."

"그럼 어떻게 다시 왔어?"

"당연히 자본주의 편의점을 통해서 왔지! 누나, 그런데 여기 계속 있으면 큰일 나."

금리는 보자마자 잔소리를 시작하는 이득이의 말을 막으며 말했다.

"큰일 나긴 뭐가 큰일 난다는 거야? 나 여기서 엄청 행복하거든."

"행복하긴 무슨……. 누나는 지금 거의 쇼핑 중독 상태야. 핸드폰 결제하느라 빚도 잔뜩 쌓였잖아. 이러다 파산한다고!"

금리는 코웃음을 치며 대꾸했다.

"파산? 내가 다시 일등만 하면 그까짓 빚은 한번에 갚을 수 있다고."

"뭐?"

"이득아, 내가 이쪽 세계에서 깨달은 게 있어. 그게 뭔 줄 알아?"

이득이는 고개를 갸웃하면서 대답했다.

"철 좀 들어야겠다?"

"아니. '이왕 돈 쓸 거면 크게 써야 한다'야. 그래야 티가 나더라고."

금리는 황당해 하는 이득이에게 계속해서 말했다.

"난 원래 세계로 안 돌아갈 거야. 이 세계에서는 원하는 물건을 다 살 수 있어. 여기야말로 나에게 딱 맞는 곳이야."

이득이는 게임기를 들고 돌아서는 금리를 바라보다 화가 머리끝까지 치밀었다. 그 순간 이득이의 머리에서 엄청난 전류가 치지직 치직 일어나기 시작했다.

"뭐? 뭐든지 다 살 수 있는 세계? 그래서 사는 게 뭔데? 아이돌 굿즈나 게임기 같은 거잖아. 정신 좀 차리라고!"

이 말이 끝나자, 이득이의 머리에서 나온 전기 빔이 금리에게 촤라락 쏘아졌다. 게임기를 들고 걸어가던 금리는 부르르 떨며 게임기를 떨어뜨렸다.

"너 뭐야?"

"어때? 이제 제정신이 들어? 나는 정신이 번쩍 들게 하는 전기뱀장어 양갱을 먹었다고. 으하하!"

"전기뱀장어 양갱? 그건 어디서 파는데? 한정판이야?"

"아직도 **소비**할 생각만 하고 정신을 못 차렸네. 쇼핑은 그만하라고 좀!"

이득이가 다시 금리에게 전기 빔을 쏘자 금리가 폴짝 뛰었다. 그리고 이득이에게서 도망치기 시작했다. 이득이는 계속 금리에게 전기를 쏘며 쫓아갔다.

"정신 차려! 누나!"

"악! 따가워! 전기 막는 우비 같은 거라도 사야지!"

"물건을 또 사? 정신 차리려면 아직 멀었구나. 에잇!"

금리는 결국 이득이가 쏜 전기에 맞아 털썩 주저앉았다. 이득이가 금리에게 다가와 손을 잡으며 말했다.

"하하! 어때? 이젠 정신이 번쩍 들지! 그만 정신 차리고 집으로 돌아가자!"

금리는 이득이의 손을 뿌리치고 일어섰다. 그때였다. 금리의 호주머니에서 알림음이 울렸다. 금리가 핸드폰을 꺼내서 내용을 확인했다.

> 모바일 결제 금액 납부가 이루어지지 않았습니다. 통장 잔고 확인 부탁드립니다.

금리 옆에서 핸드폰 화면을 함께 본 이득이가 말했다.

합리적 소비
돈을 어떻게 써야 할까?

물건을 구매할 때는 먼저 내가 쓸 수 있는 돈을 정확히 파악해야 해.

물건은 판매하는 곳에 따라 가격이 달라. 비교해 보고 구매하면 돈을 아낄 수 있어.

또 만족감을 잘 따져 보고 구매해야 다시 사는 일을 막을 수 있어.

가장 필요한 것부터 순서를 매겨서 계획을 세우는 것도 중요해.

- ☐ 용돈에 맞는 가격대인가요?
- ☐ 물건의 가격을 비교해 봤나요?
- ☐ 구매하려는 물건이 꼭 필요한가요?
- ☐ 감정에 휩쓸려 사는 충동구매인지 한 번 더 생각해 봤나요?

물건을 구매하기 전에 생각해 봐야 할
질문들을 적어서 나만의 체크리스트를 만들어 보자.

"어? 통장에 잔고가 없어서 결제가 안 되었대."

금리가 당황해하며 핸드폰을 흔들었다.

"결제라니…… 벌써 갚을 날이 됐다고?"

그때 금리 눈앞에 홀로그램 채팅 창이 나타났다.

> 금리 유튜버는 모바일 결제 금액 입금 바랍니다.
> 입금하지 못하면 과소비한 고금리 유튜버는
> 영수증 랜드로 퇴출됩니다.

금리는 홀로그램 채팅 창을 향해 소리쳤다.

"돈을 갚으라고? 돈이 없는데 어떻게 갚으라는 거예요. 그럼 애초에 핸드폰 결제를 못 하게 했어야지. 흥!"

"누나…… 그건 좀……."

"왜 내 말이 틀려? 난 못 갚아. 진짜 돈이 없는걸!"

금리의 말이 끝나자, 홀로그램 채팅 창이 확 꺼졌다. 동시에 금리가 있던 바닥이 스프링처럼 튀어 오르더니 금리를 저 멀리로 붕 날려 버렸다.

"어라라! 으앙!"

하늘로 날아오른 금리는 기분파 랜드 밖 허공을 가로지르며 아래로 떨어지기 시작했다.

"누나!"

이득이는 떨어지는 누나를 보고 구름 위에 있는 기분파 랜드에서 뛰어내렸다.

"으아아악!"

이득이의 눈앞에 한정판 랜드, 아이돌 굿즈 랜드, 세일 랜드가 빠르게 스쳐 지나갔다. 금방 바닥에 닿을 줄 알았지만 추락은 멈추지 않았다.

"도대체 어디까지 떨어지는 거야!"

다양한 랜드를 지나자 커다란 구멍이 나타났다. 이득이는 그 구멍 속으로 빨려 들어갔다. 구멍 속은 캄캄했다. 이득이는 점점 더 깊은 곳으로 내려가면서 정신이 아득해졌다. 그러다 마침내 추락을 멈추고 '쿠웅 또잉' 소리를 내며 푹신한 바닥에 떨어졌다. 이득이가 옆을 보니 금리가 쓰러져 있었다. 금리와 이득이는 곧 정신을 차리고 몸을 일으켰다.

"이건…… 영수증?"

금리와 이득이가 밟고 서 있는 건 어마어마한 영수증 더미였다. 금리가 주변을 둘러보니 구멍 벽에 '영수증 랜드'라는 간판이 걸려 있었다. 간판 아래에는 무시무시한 글씨체로 다음과 같은 글귀가 쓰여 있었다.

소비한 자, 갚아라

영수증 랜드는 이전에 갔던 밝고 활기찬 랜드들과 달리 컴컴하고 눅눅했다. 이득이가 겁에 질린 목소리로 말했다.
"누나, 우리 여기서 어떻게 나가지?"
금리가 축 처진 목소리로 말했다.
"내가 너무 돈을 막 써서 벌 받나 봐."
둘 앞에 홀로그램 채팅 창이 나타났다.

> 금리 유튜버, 빚을 갚기 위해서 일을 하세요.
> 당신이 해야 할 일은 영수증 정리입니다.

금리와 이득이는 채팅 창을 읽고 주변을 둘러보았다. 사방에 영수증이 산더미처럼 쌓여 있었다.
"누나, 이건 평생 해도 끝내지 못할 거 같아."
"으앙, 도대체 누가 이렇게 돈을 많이 쓴 거야."
다시 금리 앞에 홀로그램 채팅 창이 나타났다. 채팅 창에 금리가 쇼핑을 하던 모습이 나타났다. 1+1이라는 **광고**에, 없으면 안 된다는 말에 필요하지 않은 물건들을 잔뜩 사는 모습이었다. 금리는 충격을 받은 듯 중얼거렸다.

"나였네. 물건을 살 때는 기분이 좋았지만 이런 무시무시한 결과가 기다리고 있을 줄은 몰랐어."

그때였다. 홀로그램 채팅 창이 그물 모양으로 바뀌더니 실제 그물이 공중에 나타났다. 그리고 그 그물은 금리의 몸을 김밥 말 듯이 꽉 감싸 버렸다.

"이게 뭐야? 답답해!"

"누나, 지금 그게 문제가 아니야. 저기 봐!"

"뭐?"

금리는 이득이가 가리키는 쪽을 보았다. 구멍 위에서 위잉 기계가 움직이는 소리가 나더니 그물에 묶인 금리 위로 황금빛 관이 내려왔다. 그러더니 그 관에서 와르르 영수증이 쏟아지기 시작했다.

"으악! 금리 살려! 이득아!"

"누나!"

이득이는 금리를 그물에서 빼내기 위해 금리의 양손을 잡았다. 그러자 치직! 금리는 전기가 올라서 몸을 꿈틀거렸다.

"누나! 내가 구해 줄게!"

"구해 주는 게 아니라 날 전기 통구이로 만들겠어! 손 좀 놔!"

맞춤형 광고

내가 사고 싶은 물건이 SNS 광고에 뜨는 이유는?

SNS를 하다 보면,
내가 관심을 가졌던 물건이 광고로 나올 때가 있어.

그 이유는 내가 검색한 단어, '좋아요'를 누른 게시글,
시청한 영상들이 모두 기록되기 때문이야.

마케터들은
내 기록을 분석해서
내가 어떤 것에
관심이 있는지 예측해.

그리고 나에게 딱 맞는 맞춤형 광고를 보여 주지.
이를 '알고리즘 마케팅'이라고도 해.

이 마케팅 방법은 유튜브, OTT, 음악 앱 등
다양한 곳에서 쓰이고 있어.

맞춤형 광고 ≠ 필요한 물건

맞춤형 광고에 나오는 물건이 꼭 필요한 물건은 아니야.
나한테 정말 필요한 물건인지 잘 판단해서 구매해야 해.

광고가 관심을 끌더라도, 내게 꼭 필요한 물건인지 잘 따져 보고 결정해야 해.

"그렇지만 그러다가는 영수증에 파묻힐 거 같은데!"

이득이는 금리의 턱 밑까지 찬 영수증 때문에 고민됐다. 그러나 치지직 치직 전기가 오른 금리는 괴로울 뿐이었다.

"금리 죽겠네! 앞으로는 과소비 안 할 테야! 절대로!"

그 순간이었다. 금리를 감싼 그물이 번쩍번쩍 엄청난 빛을 뿜어냈다. 금리와 이득이는 눈을 꼭 감았다. 잠시 후 익숙한 목소리가 들려왔다.

"금리 학생, 이득 학생. 눈을 떠요."

두 사람이 눈을 뜨니 황금빛 관에서 쏟아지던 영수증은 온데간데없고 인자한 자본주의 편의점 할아버지가 보였다. 금리와 이득이가 동시에 외쳤다.

"자본주의 편의점 할아버지!"

두 사람은 벌떡 일어나 두 손을 잡은 채로 폴짝폴짝 뛰었다.

"우리 돌아왔어!"

"만세! 만세!"

만세를 부르던 금리는 정신이 든 듯 이득이의 손을 뿌리쳤다.

"또 전기 오르는 거 아냐? 나 죽을 뻔했다고!"

"누나가 잘못해서 그런 거잖아! 누나 진짜 큰일 날 뻔했다고! 한도 초과라니."

금리는 눈동자를 굴리며 뻘쭘한 표정으로 말했다.

"유튜브로 대박 나면 갚을 수 있을 줄 알았지."

"할아버지, 누나가 돈도 없으면서 물건을 막 샀어요. 세일한다고 사고, 유행이라고 사고, 희귀하다고 사고. 나중에는 기분 좋으려고 사더라니까요."

이득이는 금리가 마구잡이로 쇼핑하던 모습을 떠올리며 고개를 저었다. 그리고 금리를 노려보며 덧붙였다.

"세상에 제가 다시 갔을 때는 얼마나 씀씀이가 커졌는지, 가격은 신경도 안 쓰고 막 사려고 하더라고요!"

핸드폰 결제 알림음과 문자에 찍힌 엄청난 결제 금액이 기억났는지 이득이가 몸서리쳤다. 할아버지는 단호한 표정으로 금리에게 말했다.

"금리 학생, 사고 싶은 물건을 살 때는 자신이 가진 돈 안에서 써야죠."

금리가 고개를 숙였다. 이득이는 의기양양해져서 할아버지 옆에 바짝 붙으며 금리를 일러바쳤다.

"제가 나중에 빚은 어떻게 갚을 거냐고 걱정하니까 그냥 막 쓰고 나중에 한꺼번에 갚으면 된다고 했어요!"

할아버지가 엄한 목소리로 금리에게 물었다.

"금리 학생, 이득 학생 말이 진짜인가요?"

금리는 울상이 되었다.

"네. 사실이에요. 그때는 사고 싶은 걸 다 사도 유튜브로 대박 나면 갚을 수 있으니 괜찮을 거라고 생각했어요."

"대박을 기대하며 쓰는 건 아주 위험한 생각이에요. 빌린 돈은 반드시 갚아야 하는데, 그때 가서 후회해도 늦을 수 있어요."

할아버지의 말에 금리는 고개를 푹 숙였다. 금리는 땅굴을 파고 들어가고 싶을 만큼 창피했다.

"저도 이제 알아요. 저 파산도 했거든요."

할아버지는 금리가 진심으로 반성하자, 살포시 웃으며 장난스럽게 말했다.

"금리 학생이 지금이라도 정신을 차려서 다행이군요. 하지만 어쩌죠. 영수증 랜드는 끈질겨요. 빚을 안 갚은 사람을 절대 포기하지 않거든요."

금리는 화들짝 놀라 고개를 번쩍 들었다.

"그 말씀은……?"

"예전에 금리 학생처럼 빚을 안 갚고 영수증 랜드에서 도망친 학생이 있었어요. 그런데 그 학생은 매일 밤 꿈속에서 영수증 랜드로 소환돼 일을 했다고 하더군요. 무려 세 달 동안이나요."

"네? 그럼 저에게도 그런 일이 생길까요?"

"그럴 거예요."

"안 돼! 무슨 방법이 없을까요, 할아버지? 저 정말 거기 다시 가기 싫어요. 일하기 싫어요!"

할아버지는 어쩔 수 없다는 듯 미소를 지으며 천천히 고개를 저었다. 그 모습을 지켜보던 이득이가 금리의 등을 툭 치며 말했다.

"누나, 힘내! 꿈속에서 운동한다고 생각하면 되지. 뭐."

"나 안 잘 거야! 진짜로 안 잘 거야!"

그런 금리를 바라보다가 할아버지가 다시 입을 열었다.

"영수증 랜드에서의 노동을 줄이는 방법이 하나 있긴 해요."

"뭔데요!"

"실제 세계에서 봉사를 하면 된다고 들었어요. 길에 버려진 쓰레기를 줍거나, 재능 기부처럼 다른 사람을 도와주는 일이요."

"봉사, 재능 기부······."

생각에 잠겨 있는 금리의 어깨를 잡아 흔들며 이득이가 말했다.

"누나, 나 배고파. 이제 집에 가자."

"그래요. 이제 집에 돌아갈 시간이네요."

금리와 이득이는 자본주의 편의점 할아버지에게 인사하고 편의점 밖으로 나왔다. 집으로 걸어가는 길, 두 사람은 또다시 티격태격하기 시작했다.

"뭐? 유튜브로 봉사를 하겠다고? 그게 무슨 말도 안 되는 소리야?"

"아까 얘기 못 들었어? 벌을 줄이려면 재능 기부를 하면 된다잖아. 유튜브로 돈을 막 쓰면 어떻게 되는지 알려 주는 콘텐츠를 만드는 거야. 그래서 쇼핑할 땐 정신 바짝 차리라고 알려 주는 거지."

이득이는 어이없다는 듯 고개를 저었다.

"누나, 그냥 누나만 정신 차리면 돼."

금리는 들은 척도 안 하고 신난 얼굴로 혼잣말을 했다.

"치지직 전기 빔을 맞을 수도 있다는 것도 알려 줘야지. 히히."

"누나, 내가 보기엔 누나가 제일 먼저 감전될 거야. 하여튼 못 말린다니까."

두 사람은 그렇게 투닥거리며 집 앞에 도착했다.

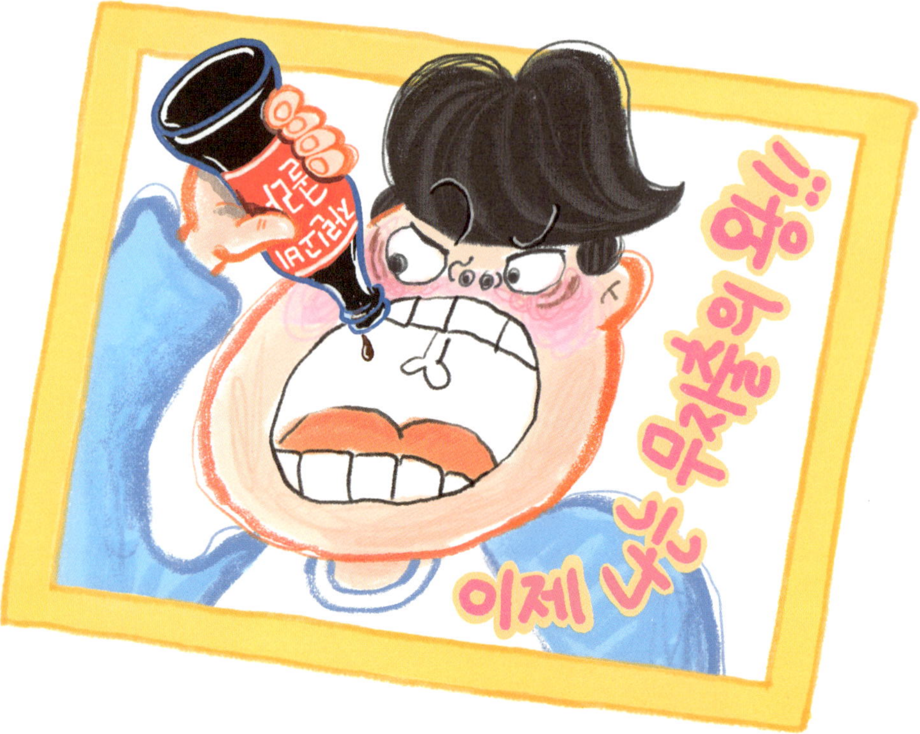

간장
이제 나는 무적의 왕!!

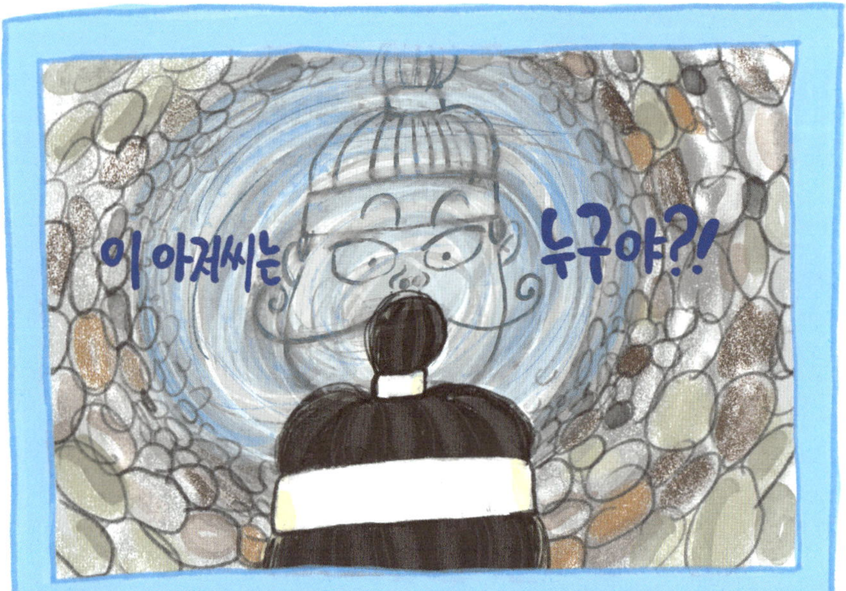

이 아저씨는 누구야?!

"곳에도 꼭 필요한 덕목이라고 생각하옵니다."

나는 그냥 아꼈을 뿐이야!

"안 돼!"

이득이의 목소리가 거실 가득히 울려 퍼졌다. 친구와 통화 중이던 금리가 깜짝 놀라 이득이를 쳐다보았다. 이득이는 금리 옆에 놓인 리모컨을 들어 텔레비전을 확 꺼 버렸다. 화가 난 금리가 전화를 끊으며 이득이에게 소리쳤다.

"야, 너 뭐 하는 거야."

"텔레비전을 안 보면 꺼야지. 전기 요금 나가잖아!"

금리는 기가 찬 표정을 지으며 맞받아쳤다.

"나 보고 있었거든!"

"거짓말 마! 누나 통화 중이었잖아!"

"다른 한쪽 귀로는 듣고 있었다고!"

이득이가 콧방귀를 뀌더니 쏘아붙였다.

"나중에 전기 요금 폭탄 맞으면 어쩌려고. 영수증 랜드 기억 안 나?"

"하아, 너 또 영수증 랜드 얘기하는 거야? 그만 좀 해!"

말을 마친 이득이는 쿵쿵 소리를 내며 거실 반대쪽으로 걸어갔다. 한숨 돌린 금리는 친구에게 다시 전화를 걸려고 했다. 그 순간 이득이의 목소리가 다시 들렸다.

"안 돼!"

이번에는 엄마가 치킨을 시키려는 걸 보고 이득이가 난리가 난 것이었다.

"엄마, 치킨은 집에서 만들어 먹어요. 치킨 한 마리 시킬 돈이면 닭을 두 마리는 살 수 있대요."

엄마는 황당한 표정으로 대답했다.

"얘 좀 봐. 치킨을 집에서 어떻게 튀겨 먹니. 집 안에 냄새가 얼마나 배는데."

"냄새가 뭐가 중요해요? 아껴야 잘 살죠!"

이득이가 가족 씀씀이에 잔소리하는 것은 거기서 멈추지 않았다. 다음은 아빠 차례였다. 이득이는 아빠가 볼일을 보고 있는 화장실 문을 벌컥 열더니 코를 막은 채 외쳤다.

"아빵, 휴쉬는 한 캉만 쓰쎄흐욥."

"고이득!"

아빠는 급히 문을 닫으며 외쳤다. 거실에서 이 모습을 지켜본 금리는 입을 반쯤 벌린 채 고개를 흔들었다.

"쟤가 왜 저런담. 완전히 절약 몬스터가 됐잖아."

그 말을 들은 이득이가 한걸음에 거실로 달려왔다.

"누나! 뭐라고 했어? 절약 몬스터라니! 절약하는 게 뭐가 잘못이야?"

그때 부엌에서 엄마가 나오며 말했다.

"이득아, 절약은 좋은 거야. 그런데 아껴야 할 건 돈만 있는 게 아니야. 엄마가 치킨을 만들면 시간도 들고 힘도 들지. **가격**만 따져 봐선 안 돼."

아빠가 엄마 말을 받아서 말을 이었다.

"엄마 말이 맞아. 이득아, 아끼는 것도 좋지만 화장실까지 쫓아와서 잔소리할 건 아니지."

"핑계 대지 마세요! 돈 쓰는 것보다 아끼는 게 백배 천배 옳다고요. 아껴야 잘 살죠!"

정말 못 말리는 절약왕이 된 이득이. 갑자기 왜 이렇게 된 걸까? 사실 이 모든 사달의 원인은 금리였다.

이득이는 지난번 영수증 랜드에서 금리가 벌 받는 모습을 보고 난 뒤, 돈 쓰는 것을 무서워하게 된 것이다. 금리는 절레절레 고개를 흔들며 생각했다.

'큰일 났네. 얘가 영수증 랜드에 다녀오더니 완전히 절약

천국 소비 지옥에 꽂혀 버렸어.'

엄마가 아빠와 눈빛을 주고받더니 차분한 목소리로 이득이를 달랬다.

"이득아, 아끼는 건 좋은 거지만 그게 전부가 되어서는 안 돼. 자신의 생각을 다른 사람에게 강요해선 더 안 되는 거고."

"이렇게 된 거, 우리 동네 쇼핑몰에 새로 들어온 치킨집이 있다던데 거기 가서 외식할까?"

이어진 아빠의 말에 이득이는 깜짝 놀라며 소리쳤다.

"외식이요? 안 돼요! 직접 해 먹어야죠!"

"그럼 넌 집에서 해 먹으렴. 반찬은 냉장고에 있다."

엄마는 단호하게 말했지만 아빠는 이득이를 살살 달랬다.

"이득아, 그러지 말고 같이 나가자. 오랜만에 가족끼리 외식이잖니."

그러나 이득이는 팔짱을 끼고 굳건하게 안 나가겠다는 자세를 취했다. 엄마, 아빠는 할 수 없다는 듯 어깨를 한번 으쓱하고는 현관으로 향했다. 금리는 엄마, 아빠를 쫓아가며 혀를 쏙 내밀었다.

"난 맛있는 거 먹으러 갈 테니까 넌 집에서 혼자 실컷 아껴."

가격 결정

같은 상품인데, 왜 가격이 다를까?

첫 번째, 유통 단계가 많을수록 가격이 비싸져.
가격을 정할 때는 재료비, 운송비, 인건비 등을 고려하기 때문이야.

두 번째, 특정 시기와 관련된 상품은 찾는 사람이 많아질 때
가격이 올라가게 돼. 특정 시기가 지나면 가격이 떨어지지.

	백화점	아울렛
목표	브랜드화	실속화
상품 시기	신상품, 시즌 상품	시즌 지난 상품, 전용 상품
가격	정상가	할인가

세 번째, 판매 전략에 따라 가격이 달라지기도 해. 백화점은 브랜드 이미지를 높이기 위한 판매 전략을 세우고, 아울렛은 재고를 다시 판매하기 위한 판매 전략을 세우지.

그래서 백화점은 최신 상품을 판매하고, 다양한 서비스를 제공하는 대신 가격이 높은 편이야.

반면 아울렛은 재고를 많이 판매하기 위해 상대적으로 낮은 가격에 판매하는 경우가 많지.

현관문이 닫히고, 집 안이 갑자기 조용해졌다. 이득이는 여전히 팔짱을 낀 채 투덜거렸다.

"정말, 돈 아껴야 하는데……. 이 집에서 철든 사람은 나밖에 없어!"

그때였다. 현관문에 금이 가더니 그 틈 사이로 황금빛이 새어 나오기 시작했다. 그리고 찬란하게 빛나는 네모난 문이 등장했다. 그것은 커다란 돈 문, 자본주의 편의점의 문이었다.

"자본주의 편의점? 저 문이 왜 나타난 거지?"

이득이는 자본주의 편의점 문을 바라보며 망설였다. 편의점에 가면 돈을 쓰게 될 텐데 그러고 싶지 않았던 것이다. 그러자 돈 문은 마치 '황금의 나라로 오세요'라고 말하듯, 더욱 강하게 빛을 내뿜기 시작했다. 이득이는 가고 싶은 마음과 가고 싶지 않은 마음 사이에서 고민에 빠졌다. 그때 이득이에게 좋은 생각이 떠올랐다.

"그래, 자본주의 편의점에 우리 가족 모두 절약하게 만드는 그런 물건이 있을지도 몰라. 난 돈을 쓰러 가는 게 아니고 아끼러 가는 거야."

이득이는 가벼워진 마음으로 돈 문을 열고 들어갔다.

편의점 안으로 들어가자 수많은 종이돈과 동전들이 쏟아

졌다. 공중에는 여전히 디지털 화폐가 껌뻑거렸다. 언제 봐도 돈으로 가득한 환상의 공간이었다. 이득이는 자본주의 편의점 할아버지께 인사드렸다.

"할아버지, 안녕하세요! 오늘은 특별히 꼭 필요한 물건이 있어서 왔어요!"

이득이의 말에 할아버지는 흥미로워했다.

"오, 그래요? 이득 학생, 무슨 물건을 찾고 있죠?"

"가족들이 돈을 너무 막 써서요."

"오, 저런."

"혹시 돈을 막 쓰는 사람을 돈을 아끼는 사람으로 만들어 주는 물건은 없을까요? 옛날이야기에 나오는 자린고비처럼 만들어 주는 물건이요!"

"자린고비로 만들어 주는 물건이라. 이득 학생, 잘 맞춰 왔네요. 마침 딱 맞는 제품이 들어왔거든요."

"네? 진짜요? 어디 있어요? 그 물건이?"

할아버지는 웃으며 편의점 끝 쪽에 있는 냉장고를 가리켰다. 냉장고 유리 너머로 할아버지가 말한 제품이 보였다.

"자린고비 콜라! 완전 우리 가족을 위한 거잖아!"

'자린고비 콜라'는 병목이 길고 가는 유리병에 담겨 있었다. 그런데 유리 색이 새까매서 안에 담긴 내용물이 보이지 않았다. 자린고비 콜라가 진열된 자리에 붙은 종이에는 이런 글귀가 쓰여 있었다.

> 신상 특가! 한 병에 100원

"100원이라고? 이건 사야 해!"

이득이는 신이 나서 자린고비 콜라를 냉장고에서 꺼낸 후 계산대로 가 계산했다.

"지금 마실 건가요?"

이득이는 잠시 고민에 빠졌다.

"이건 제가 아니라 가족들이 마셔야 하는 건데요. 흠, 어떤 맛일지는 궁금한데……. 네! 지금 마실게요."

할아버지는 병따개로 뚜껑을 따 주었다. 이득이는 자린고비 콜라를 받아 곧바로 입에 가져가 병을 기울였다. 그런데…… 병에서는 아무것도 나오지 않았다.

"엥? 뭐야, 왜 안 나오지?"

병을 더 기울여 봤지만 콜라병에서는 아무것도 나오지 않았다. 이득이는 한쪽 눈을 감고 남은 눈을 콜라병 입구에 대고 들여다봤다.

"뭐야, 콜라는 몇 방울 안 들어 있잖아!"

이득이는 콜라병의 입구를 입안에 넣고 마구 흔들었다.

그러자 모래시계에서 모래가 떨어지듯 콜라가 한 방울씩 떨어지기 시작했다. 이득이는 겨우겨우 콜라 몇 방울을 마신 후 빈 병을 들고 말했다.

"에이, 괜히 샀어. 혹시 환불은 안 되나요?"

투덜거리며 분리수거함을 찾는 이득이를 보고 할아버지가 말했다.

"하하, 이미 전부 마셔서 환불은 안 된답니다. 병은 여기 놔두면 버려 줄게요."

이득이는 계산대에 콜라병을 둔 채 밖으로 나왔다. 그런데!

"어라? 뭔가 이상한데. 드라마 찍는 건가?"

자본주의 편의점 문밖에 펼쳐진 풍경은 마치 사극 드라마 속의 한 장면 같았다. 하늘 높이 솟은 처마가 멋진 기와집과 지붕에 둥근 박이 주렁주렁 달려 있는 초가집들이 보였다. 길에는 높은 갓을 쓰고 말을 탄 양반도 보였고, 등에 봇짐을 맨 상인도 보였다. 근처에 장터가 있는지 왁자지껄 시끄러웠다. 이득이는 카메라를 찾아 두리번거리다기 여기가 드라마 촬영 현장이 아니라 다른 시대임을 깨달았다.

"내가 아무래도 조선 시대로 왔나 봐!"

이득이는 자린고비 콜라를 마시고 자린고비가 살던 조선 시대로 온 거였다. 이득이는 주변을 둘러보다가 흰 도포 차림에 갓을 쓴 한 젊은 선비와 마주쳤다. 그 선비는 이득이를 보자 활짝 웃으며 말을 걸었다.

"이보게, 고비! 여기서 뭐 하고 있는가?"

"엥? 저요? 저는 이득인데요."

이득이는 깜짝 놀라 뒷걸음질쳤다.

"하하, 항상 이득을 따지더니 이름도 이득으로 바꿨다는 건가. 공짜라고 농담은 잘하는구먼."

'왜 저런 말을 하지. 이상한 사람이야.'

선비가 너무 빤히 쳐다보아서 그런지 이득이는 어쩐지 얼굴이 간질간질해지는 느낌이었다. 얼굴을 찌푸리며 참던 이득이는 손을 들어 얼굴을 벅벅 긁기 시작했다. 그런데 이상했다. 턱에서 무언가가 만져지는 게 아닌가.

'이게 뭐지? 내 얼굴엔 이런 게 없는데……'

이득이는 거울을 찾아 두리번거렸다. 그러다가 한 초가집 마당에서 우물을 발견했다. 이득이는 얼른 우물로 가 얼굴을 비추어 보았다.

"뭐야 이 메기수염은? 이게 나라고?"

우물에 상투를 틀고 메기처럼 길쭉한 수염을 단 아저씨

가 비쳤다.

"내가 수염난 아저씨가 됐잖아!"

이득이는 자기 얼굴을 자세히 보려고 더 깊숙이 고개를 숙였다. 그 모습을 보던 선비가 소리쳤다.

"어, 자네! 그러다 빠지네. 큰일 나!"

그 외침을 끝으로…….

풍덩

잠시 후, 이득이가 눈을 떴다. 이득이의 눈에 낯선 천장이 보였다. 그리고 자신을 바라보는 두 명의 선비와 눈이 마주쳤다. 한 사람은 아까 만났던 젊은 선비였고, 다른 한 사람은 훨씬 더 나이가 들어 보이는 선비였다.

"이보게 고비, 이제 정신이 드는가? 자네, 우물에 빠진 걸 기억하나? 큰일 날 뻔했네. 사람들이 힘을 합쳐서 간신히 우물에서 끄집어냈다네."

이득이는 모든 게 어리둥절했다.

"여긴 어디지?"

아까 길에서 만났던 선비가 이득이에게 말했다.

"우물에 빠지더니 기억을 잃어버리기라도 했나?"

이득이가 다시 힘겹게 말했다.

"여긴 어디죠? 저는 누구고…… 두 분은 누구세요?"

두 선비는 서로 눈을 마주치더니 할 말을 잃은 듯 이득이를 바라보았다. 잠시 후, 나이가 더 들어 보이는 선비가 입을 열었다.

"허허, 정말 기억을 잊었는가. 나는 연암 박지원, 이 친구는 초정 박제가라네. 그리고 자네는 자린고비지."

"자린…… 고비? 제 이름이 **자린고비** 라고요?"

이득이는 자신이 자린고비가 되었다는 사실에 경악했다. 그 모습을 본 박지원은 이득이에게 일단 잠시 쉬라고 하면서 방을 나갔다. 1시간 후, 세 사람은 누마루에 마주 앉았다. 셋 사이에는 작은 다과상이 놓여 있었고, 그 위에는 주전자와 찻잔, 색색의 다식이 가지런히 차려져 있었다. 먼저 박지원이 다식 하나를 집어 맛보며 입을 열었다.

"그러니까 자네 말은, 나 박지원과 이 친구 박제가, 그리고 자네 자신이 누구인지조차 기억이 나지 않는다는 건가?"

박지원의 말에 이득이가 어색하게 고개를 끄덕이자, 박제가가 찻잔을 들며 웃었다.

"스승님, 고비가 이제는 아끼고 또 아끼다 못해 기억까지 아끼기 시작했나 봅니다."

박지원은 짓궂은 미소를 지으며 제자의 팔을 툭 쳤다. 하지만 이득이는 웃지 않았다.

"기억을 아끼는 게 아니라…… 진짜로 아무것도 기억나지 않아요."

박지원은 들고 있던 찻잔을 내려놓더니 척! 소리를 내며 부채를 폈다. 그리고 천천히 부채질하며 마치 판소리를 하는 것처럼 이야기를 시작했다.

"고비는 누구냐! 생선을 먹는 게 아까워서 천장에 매달아 놓고 눈으로 먹는다지!"

박제가도 맞장구치며 말을 이었다.

"집에 손님 오면 떡을 종이처럼 얇디얇게 썰어 주는 조선 최고의 짠돌이, 그게 바로 자네라네."

이득이는 둘의 이야기를 입을 벌리고 들었다.

"헤에, 세상에 절약을 그 정도로 하는 사람이라니……. 멋진 사람이네!"

만족스러운 웃음을 짓는 이득이를 보고 박제가가 박지원에게 말했다.

"스승님, 고비가 기억은 잃었어도 여전히 아끼는 건 좋아하나 봅니다."

"그런 모양이네."

박제가와 박지원이 호탕하게 웃었다. 그때 이득이가 두 사람에게 물었다.

자린고비

돈을 아끼는 사람을 부르는 말

절약하는 건 좋은 습관이야.
하지만 절약이 지나치면 문제가 될 수 있어.

지나치게 절약하는 사람을 '인색하다'고 표현하지.
또 인색한 사람을 표현하는 다른 말도 있어.

자린고비는 인색한 사람을 표현하는 대표적인 말이야.
밥을 먹을 때 반찬 대신 생선을 천장에 매달고,
그걸 바라보면서 밥만 먹었다는 이야기가 전해 내려와.

돈을 지키는 노비라는 뜻의 '수전노'라는 표현도 있지.

서양에서는 인색한 사람을 '스크루지'라고 해.
찰스 디킨스의 소설『크리스마스 캐럴』의 주인공이야.

돈을 아끼는 건 좋지만 무조건 아끼는 게 현명한 건 아니야.
때때로 필요할 때는 돈을 쓰는 것이 중요해.

"두 분도 저처럼 아끼는 걸 좋아하는 분들이신가요?"

박지원은 싱긋 웃고는 부채를 접으며 말했다.

"아니라네. 우리는 돈을 더 열심히 쓰라며 소비를 권장하는 사람이지."

"네? 소비를 권장한다고요? 아니 왜 그런 나쁜 짓을!"

그때 행랑아범이 박제가에게 급한 소식을 전했다.

"나으리, 급한 소식이 들어왔습니다. 시장에서 물건을 많이 산 여자아이가 관아로 잡혀갔다고 합니다."

박제가가 자리를 박차고 일어나며 소리쳤다.

"뭐라고! 물건을 많이 샀다는 이유로 잡혀갔다고? 대관절 그런 억지가 어디 있다는 말인가."

이득이도 심상치 않은 예감을 느꼈다.

'돈을 많이 썼다는 이유로 잡혀 온 여자아이? 설마…….'

박지원도 따라서 일어나며 화난 목소리로 말했다.

"시장 질서가 무너졌다는 명목으로 북학파의 소비 이론을 누르려는 움직임 같네. 우리가 직접 확인하러 가세."

박지원과 박제가는 심각한 표정으로 집을 나섰다. 이득이도 침을 꼴깍 삼키며 따라갔다.

박지원과 박제가, 이득이는 관아에 도착했다. 높이 솟은 솟을대문이 위엄을 뽐내고, 붉은빛이 도는 두꺼운 기둥들이 지붕을 받치고 있었다. 관아 마루 정중앙에 있는 커다란 의자에는 한 남자가 앉아 있었다. 이득이가 주변을 두리번거리자, 박제가는 이득이가 기억을 잃어 관아를 모른다고 생각하고 의자에 앉아 있는 남자를 가리키며 말했다.

"저 사람이 이 고을의 수령이네. 이 고을을 다스리면서 재판관 노릇도 함께 한다네."

박제가는 수령을 보좌하는 이방, 사건을 기록하는 서리, 마당에서 질서를 유지하는 포졸들까지 설명해 주었다.

"죄인을 앞으로 데려오라!"

포졸 둘이 새빨간 줄로 몸이 묶인 죄인을 데려왔다. 이득이는 죄인을 보고 눈을 동그랗게 떴다.

'금리 누나!'

왜 나쁜 예감은 빗나가질 않는 건지……. 금리 뒤에는 다른 포졸이 물건이 잔뜩 실린 수레를 끌고 오고 있었다. 포졸이 금리에게 소리쳤다.

"죄인은 무릎을 꿇어라!"

그러자 금리가 욱하는 얼굴로 맞받아쳤다.

"저 사람은 편하게 앉아 있으면서 왜 저보고만 무릎을 꿇으라고 하세요? 저도 의자 주세요! 안 그러면 저 그냥 안 앉을 거예요!"

"너는 죄인이고, 저분은 사또님이니까 그렇지."

"그런 게 어딨어요! 공평해야죠!"

금리가 따지고 들자, 포졸은 곤혹스러운 얼굴로 수령을 바라봤다. 수령은 그냥 두라는 듯 손짓했다. 포졸은 고개를 끄덕이며 수령에게 인사를 하고는 금리를 두고 자리를 떴다. 한편 이방은 수령 가까이 다가갔다. 그러고 나서 금리가 산 물건 목록을 하나하나 읊으며 보고하기 시작했다. 물건을 어찌나 많이 샀는지 보고는 한참 동안 이어졌다. 그 사이, 이득이는 조용히 금리에게 다가갔다.

"누나."

"으악! 제가 왜 누나예요? 저보다 훨씬 늙으셨는데."

"나, 이득이야."

금리는 눈을 휘둥그레 뜨고 펄쩍 뛰었다.

"말도 안 돼. 이 메기수염 아저씨가 이득이라고!"

이득이는 얼굴을 붉히며 손을 입에 대고 조용히 말했다.

"쉿! 그나저나 누나는 여기 어떻게 온 거야? 그리고 누나는 왜 모습이 그대로인 거지?"

금리는 포졸 눈치를 보면서 작게 말했다.

"집 밖으로 나가니까 엄마가 너를 두고 갈 수 없다며 집에 다시 가서 너를 데려오라고 하시더라고."

이득이는 순간 울컥했다. 갑자기 엄마가 보고 싶었다.

"그래서 집에 갔더니 현관문이 자본주의 편의점 문이 되어 있던데? 편의점에 들어가서 할아버지에게 너 혹시 여기 있느냐고 물어봤더니, 자린고비 콜라 마시고 방금 갔다며 병을 보여 줬어. 네가 별사탕 먹고 쇼핑 유튜브 월드를 따라왔던 게 생각나서 남은 한 방울을 살짝 맛만 봤는데 나도 여기 와 버린 거야."

"누나는 한 방울만 마셔서 그 모습 그대로 조선 시대로 시간 이동만 했나 봐. 에잇! 나도 덜 마실 걸!"

잠시 뒤, 이방의 보고가 끝나고 재판이 시작됐다. 수령은 위엄 있는 목소리로 말했다.

"죄인은 **난전**에서 사치품을 마구 사들여 시장 질서를 어지럽히고 사치를 조장한 죄를 범했다. 근검절약이라는 풍속을 해치는 행위로 재판을 시작한다!"

갑자기 죄인으로 재판을 받게 된 금리, 어떻게 된 걸까?

금리는 자린고비 콜라 한 방울을 마시고 작은 초가집들이 빽빽하게 이어진 좁다란 골목에 떨어졌다.

"뭐야, 나 다른 세계로 온 건가? 여기는 어디지? 집들이 완전 옛날 집들이네."

시전과 난전

조선 시대 시장은 어땠을까?

사농공상(士農工商)
선비(士) → 농민(農) → 공인(工) → 상인(商) 순으로 귀하다.

청빈 성품이 깨끗하고 재물 욕심이 없어 가난함.

조선 시대는 농업을 중요하게 여기고 상공업을 천하게 여겼어. 그리고 청빈하게 사는 걸 가치 있는 일이라고 생각했지.

난 나라에서 비단을 팔 수 있는 허가를 받았어.

옛날에는 비단, 베, 종이 같은 중요한 물건을 팔려면 나라의 허가가 필요했어. 이렇게 허가를 받은 상점을 '시전'이라고 했지.

하지만 생계를 위해 허가받지 않은 사람들도 장사를 시작했어. 이런 상인이나 상점을 '난전'이라고 했지.

우리도 물건을 팔아 보자!

금난전권은 시전 상인이 허가받지 않은 난전을 단속할 수 있는 권리를 말해. 하지만 난전은 더 활발해졌어.

박지원, 박제가 같은 실학자들은 상업을 발전시켜야 한다고 주장했어.

결국 조선 후기엔 금난전권을 폐지하고, 난전을 인정했어. 자유롭게 장사하는 시장이 시작된 거야. 지금의 시장처럼 말이지.

금리가 주변을 두리번거리던 때였다. 어디선가 달콤하고 고소한 냄새가 풍겨 왔다. 입안에 침이 고일 정도로 맛있는 냄새였다.

킁킁! 킁킁!

금리는 냄새를 따라 걷기 시작했다. 뱀처럼 구불구불 휘어진 골목을 돌아 나오니 색색의 천막이 줄지어 서 있는 자그마한 시장이 보였다.

"우아! 시장이잖아!"

시장에는 상인들이 온갖 물건을 팔고 있었다. 상인들은 팔딱팔딱 싱싱한 생선도 팔고, 색깔이 알록달록한 옷감도 팔았다.

"비단 사세요! 비단!"

금리는 그중에서 막 쪄서 김이 모락모락 나는 떡과 달콤한 엿을 산더미처럼 쌓아 놓고 파는 상인에게 다가갔다.

"우아, 여기 맛있는 거 정말 많네. 이 엿 얼마예요?"

"엽전 한 냥이오."

"엽전이 뭐예요? 저는 100원이랑 500원밖에 없는데요."

금리는 호주머니를 뒤져 엿장수에게 동전을 꺼내 보여 주었다. 엿장수가 금리가 내민 동전을 살펴보더니 눈이 휘둥그레졌다.

"이 동전에 새겨진 섬세한 학 무늬! 이 작은 동전에 새겨진 초상화도 정말 정교하게 잘 조각되었군요. 딱 봐도 귀한 동전인데 이 동전이면 엿을 달라는 대로 줄 수 있다오."

"이거 다해서 1,000원도 안 하는데 엿을 실컷 먹을 수 있다고요? 우아! 그럼 엿 세 개, 세 개 주세요!"

금리는 신이 나서 500원짜리 동전을 내밀었다. 그러자 엿장수가 한 판으로 된 엿을 탁탁 치더니 엿 세 조각을 큼직하게 잘라 주었다.

"자, 엿이오!"

금리는 신이 나서 쫀득한 엿을 한입 깨물었다. 그러자 달콤한 맛이 입안에 확 퍼졌다.

"세상에! 너무 맛있어!"

달달한 엿을 쪽쪽 빨며 금리는 시장을 구경하기 시작했다. 시장 안에는 신기한 물건을 파는 상점들도 많았다. 한자로 써진 책을 파는 책방도 있었고, 부채를 파는 곳도 있었고, 노리개와 꽃신을 파는 상점도 있었다.

이리저리 시장을 구경하던 금리는 도자기가 늘어서 있는 가게에 발을 멈췄다. 금리가 도자기를 구경하고 있는데, 상인이 친절한 목소리로 말을 걸었다.

"뭐 귀한 물건 찾소? 여기 이 도자기 어떠시오? 조선 팔도에서 손꼽히는 장인이 만든 거라오."

"장인이 만든 거라고요?"

금리는 상인이 가리키는 도자기를 바라봤다. 뽀얀 우윳빛의 도자기가 아름다운 자태를 자랑하고 있었다. 도자기를 보던 금리는 별안간 엄청난 아이디어가 떠올랐다.

'맞아, 얼마 전 조선 시대 골동품이 어마어마하게 비싸게 팔렸다는 뉴스를 봤잖아! 여기 조선 시대 물건들을 사서 현재로 가져가면 나도 엄청난 부자가 될 수 있을 거야. 히힛, 나 장사에 천재인가 봐!'

금리는 두 눈을 반짝이며 상인에게 말했다.

"아저씨, 저 여기 있는 물건 다 사고 싶어요. 어떻게 하면 살 수 있을까요?"

그때부터 금리는 상점을 돌아다니며 물건을 쓸어 모았다. 그러다가 소비를 조장했다는 죄목으로 관아에 끌려온 것이었다.

"아니, 내가 훔친 것도 아니고! 돈 주고 산 건데, 내가 왜 죄인이야! 이해가 안 돼!"

이득이는 그런 금리를 한심하게 쳐다봤다.

"누나는 진짜 안 되겠다. 영수증 랜드를 다녀왔으면서도 어떻게 물건을 또 막 살 수 있지? 그리고 여기는 조선 시대 잖아. 지금 돈을 여기서 막 쓰면 어떡해!"

"고이득! 메기수염 달더니 완전 옛날 사람 됐잖아! 야, 잔소리 좀 그만해! 네가 아무리 늙어도 내 동생이거든!"

그때 수령이 재판 준비를 마친 듯 나무 의자를 탁탁 두드렸다. 포졸이 속닥이던 금리와 이득이에게 눈치를 주었다. 수령이 금리를 쳐다보며 금리의 죄를 알려 주고 있었다.

"예로부터 근검절약은 나라를 다스리는 으뜸가는 덕목이요, 사치는 백성을 해치는 독이라 하였느니라. 그럼에도 과한 소비로 법과 질서를 어지럽힌 자는 마땅히 벌을 받아야 할 것이다."

수령이 말을 마치자, 사람들이 웅성거리기 시작했다.

"죄인은 아직 나이가 어려 자신을 제대로 변호할 수 없는 상태로 보인다. 어린 죄인을 대신해 변호할 자 있는가? 죄인 옆에 서 있는 자네가 하겠는가?"

그 말에 이득이는 깜짝 놀라며 손사래를 쳤다.

"제가요? 저는 이 누나보다 어린데요."

이득이의 말에 사람들이 웃음을 터뜨렸다. 훨씬 나이가 많아 보이는 이득이가 금리보다 어리다고 말했기 때문이다. 관아가 소란스러워지자 수령이 팔걸이를 두드리며 정숙하라고 외쳤다. 금리는 이득이에게 애원했다.

"아우, 이득아! 누나 감옥 가기 싫어. 너 말고 진짜 어른, 똑똑한 어른 좀 모셔 와 봐. 응?"

그때였다. 금리의 간절한 바람이 전해진 건지 박제가가 앞으로 나섰다.

"허락해 주신다면 제가 죄인을 변호하겠습니다."

"누나, 저 아저씨가 내 친구래."

금리와 이득이는 안도의 한숨을 쉬었다. 박제가는 이득이와 금리 가까이 오더니 속삭였다.

"이보시게. 이 변론은 나 혼자서만은 할 수 없네. 절약의 달인인 고비 자네의 도움이 꼭 필요해."

이득이는 박제가를 보며 고개를 끄덕였다. 겁이 났지만, 금리를 위해 참아야 했다. 무서워 보이는 수령과 박제가, 죄인으로 끌려온 금리를 쳐다보았다.

'도대체 어떻게 해야 하지?'

금리 앞에 선 박제가는 엄숙한 표정으로 금리의 변론을 시작했다.

"말씀하신 대로 조선은 예로부터 근검절약을 중요한 덕목으로 여겨 왔습니다. 그런 기준에서 보면 이 아이의 행동은 분명 죄가 될 수 있겠지요. 그러나 저는 '소비'의 의미를 다시 생각해 봐야 한다고 말씀드리고 싶습니다."

박제가는 손으로 이득이를 가리켰다.

"여보게, 고비. 조선 팔도 최고의 절약가로 유명한 자네에게 묻고 싶네. 자네는 왜 절약을 하나?"

이득이는 떨리는 목소리로 대답했다.

"절약하면 좋으니까요. 미래를 대비할 수도 있고······."

"그럼 모두가 자네처럼 절약하면 어떨 거 같나?"

"모든 사람이 절약을 한다고요?"

"그래, 모든 사람이 자네처럼 절약해서 어부가 생선을 잡아도 안 사고, 농부가 농사지은 쌀도 안 사고, 길쌈하는 아주머니들이 옷감을 짜도 안 산다면 말일세."

이득이는 박제가의 말에 머리가 어질어질해졌다. 나만 절약하는 게 아니라 모든 사람이 절약하는 세상에 대해 상상도 해 본 적이 없었다.

"그렇게 물건이 팔리지 않는다면······. 어부도, 농부도, 길쌈하는 아주머니도 물건을 만들지 않을 것 같아요."

"그럼 어떻게 될 거 같은가? 아무도 물건을 안 만들고 돈을 못 버는 세상이 된다면 말일세. 그 나라는 부강해지는 것인가? 가난해지는 것인가?"

이득이는 잠시 골똘히 생각하더니 대답했다.

"가난해질 것 같아요. 물건이 안 팔리면 점점 물건을 안 만들고 물건이 부족한 나라가 될 거니까요."

"바로 그 말일세! 사는 사람이 없으면 만드는 사람도 사라지겠지. 그리고 만드는 이가 없으니 결국 물자가 부족한 나라가 되는 걸세."

박제가가 이득이를 흐뭇하게 바라보며 말을 이었다.

"그렇다면 마지막으로 소비를 극도로 싫어하는 자네에게 묻겠네. 소비는 사회에 있어야 하는 것인가? 없어야 하는 것인가?"

이득이는 잠시 머뭇거리다가 숨을 고르고 말하였다.

"과소비는 좋지 않지만……. 소비는 사회에 필요한 거 같아요."

박제가는 이득이에게 장하다는 듯 고개를 끄덕이고 수령을 바라보며 말했다.

"이제 이 아이에 대한 변론을 마치려고 합니다. 이 아이의 소비는 시장의 질서를 해치는 것이 아닙니다. 시장 **경제**가 돌아갈 수 있게 하는 일이었습니다."

수령은 박제가의 변론을 듣고 눈을 감았다. 잠시 생각에 잠긴 듯했다. 이윽고 눈을 뜨더니 여전히 의문을 품은 얼굴로 이득이에게 질문했다.

"좋은 변론이군. 하지만 난 고비의 말을 믿을 수가 없네. 조선 팔도에서 검소하기로 유명한 고비가 소비를 옹호하다니……. 고비, 자네에게 질문을 하나 더 하겠네. 소비를 탐탁지 않아 하는 입장에서 말이지. 만약 마을에 우물이 하나 있는데 이 물을 아끼지 않고 너도 나도 퍼마시면 나중에 물을 못 마시는 사람이 나올 수도 있네. 이는 어찌 생각하는가?"

이득이는 울상을 지었다. 자신이 솔직하게 대답하면 금리가 벌을 받을 거 같았기 때문이다. 하지만 거짓말을 할 수는 없었다. 이득이는 심호흡을 한 번 크게 내뱉고 답했다.

"물을 못 마신 사람이 있다면 슬플 것 같아요."

수령은 만족스러운 듯 고개를 끄덕였다. 그때였다. 갑자기 금리가 이득이 앞으로 튀어나오더니 큰 소리로 말했다.

"그렇지만 우물은 원래 물을 마시라고 있는 거잖아요! 우물물을 너무 오래 안 마시면 물이 계속 고여서 썩을 수도 있대요! 물건도 똑같아요. 저처럼 사 주는 사람이 있어야 계속 만들고, 그래야 시장도 잘 돌아가요!"

이득이와 박제가, 수령은 놀라서 금리를 쳐다봤다. 금리는 눈을 부릅뜬 채 수령을 바라보며 힘주어 말했다.

"그리고! 제가 물건 사니까 가게 주인아저씨들도 좋아했다고요!"

경제 활동의 3요소

소비도 필요하다고?

경제 활동의 3요소는 생산, 분배, 소비야.
이 세 가지 요소는 서로 긴밀하게 연결되어 있지.

생산은 상품을
만드는 활동을 말해.

분배는 임대료, 임금 등 생산 활동에 참여한 대가를 나누는 거야.
분배가 있어야 소비자가 생길 수 있지.
생산 활동에 대한 대가를 분배하고 남은 것은 이윤으로,
기업가에게 분배된 소득으로 볼 수 있어.

물건을 사고
돈을 쓰는 것도
경제 활동이야.

금리의 말을 들은 수령은 잠시 생각에 잠기더니 드디어 결심한 듯 좌중을 바라보며 큰 소리로 말했다.

"박제가와 고비, 그리고 죄인의 말까지 충분히 들었다. 이제 최종 판결을 내리겠다. 이 소녀는 지나친 소비로 풍속을 어지럽힌 죄가 있다. 허나, 소비 또한 사회에 필요한 활동임을 감안하여, 소비 금지 100시간을 명하고, 형 집행은 유예한다. 이상이다."

금리는 경악했다.

"소비 금지 100시간이라니!"

하지만 이득이는 안도의 한숨을 내쉬었다.

"누나, 그래도 감옥 가는 것보다는 낫잖아."

박제가와 박지원도 이득이의 말에 동의하며 고개를 끄덕였다. 포졸들은 금리를 묶고 있던 포승줄을 풀어 주었고, 사람들 사이에 있던 박지원이 다가와 말했다.

"자네들 대단한 변호였다네. 정말 큰일을 했어."

금리도 이득이에게 다가와 등을 퍽퍽 두들겼다.

"고이득, 어쨌든 고생했다! 하지만 봤지. 결국 내가 스스로 위기 탈출한 거! 나 커서 변호사 해 볼까? 경제 전문 변호사 말이지!"

박제가와 박지원은 금리가 이득이에게 반말을 하자 깜짝

놀랐다. 그들 눈에 금리는 어린이, 이득이는 어른처럼 보였기 때문이었다. 그때 수령이 팔걸이를 탁탁 쳤다. 그 소리에 두 남매가 돌아보자, 수령의 얼굴이 자본주의 편의점 할아버지의 모습으로 바뀌었다.

"자본주의 편의점 할아버지!"

두 사람을 본 할아버지는 씩 웃으며 말했다.

"금리 학생, 이득 학생. 둘 다 자본주의 편의점으로 돌아가는 판결을 내리겠습니다."

할아버지의 말이 끝나자 어디선가 땡그랑땡그랑 돈 떨어지는 소리가 나고, 마당 한가운데 환한 빛이 솟구쳤다.

금리와 이득이는 그 빛에 눈을 감았다. 다시 눈을 떴을 때, 두 사람은 자본주의 편의점 안에 있었다.

"잘 다녀왔나요?"

금리는 정신을 차리자마자 환하게 웃으며 외쳤다.

"할아버지! 제가 이번에도 엄청난 일을 하고 왔어요."

그러나 이득이가 말을 끊으며 외쳤다.

"할아버지! 누나가 조선 시대 가서도 돈을 막 썼어요! 완전 사고뭉치였어요!"

할아버지는 금리의 행적을 이르는 이득이를 바라보며 웃었다. 그리고 작게 속삭였다.

"하하, 걱정 말아요. 금리 학생에게는 벌써 큰 벌이 내려졌답니다."

이득이가 고개를 갸웃할 무렵, 금리가 주변을 둘러보다가 외쳤다.

"앗! 내 보물! 내가 조선에서 산 물건들이 없잖아!"

이득이는 그런 금리를 보고는 웃음을 터뜨렸다. 할아버지는 두 남매를 흐뭇하게 바라보며 말했다.

"그나저나 여러분, 부모님과 외식한다고 하지 않았나요?"

금리는 그제야 외식하러 가던 길이라는 것이 떠올랐는지 화들짝 놀라며 펄쩍 뛰었다.

"앗, 엄마랑 아빠가 기다리시겠어!"

이득이와 금리는 급히 인사를 하고 편의점 문을 나섰다. 편의점 문이 닫히는 소리와 함께, 어디선가 또 땡그랑 돈 떨어지는 소리가 들려왔다. 먼 시간을 뛰어넘어, 다시 아옹다옹 평화로운 하루가 시작되고 있었다.

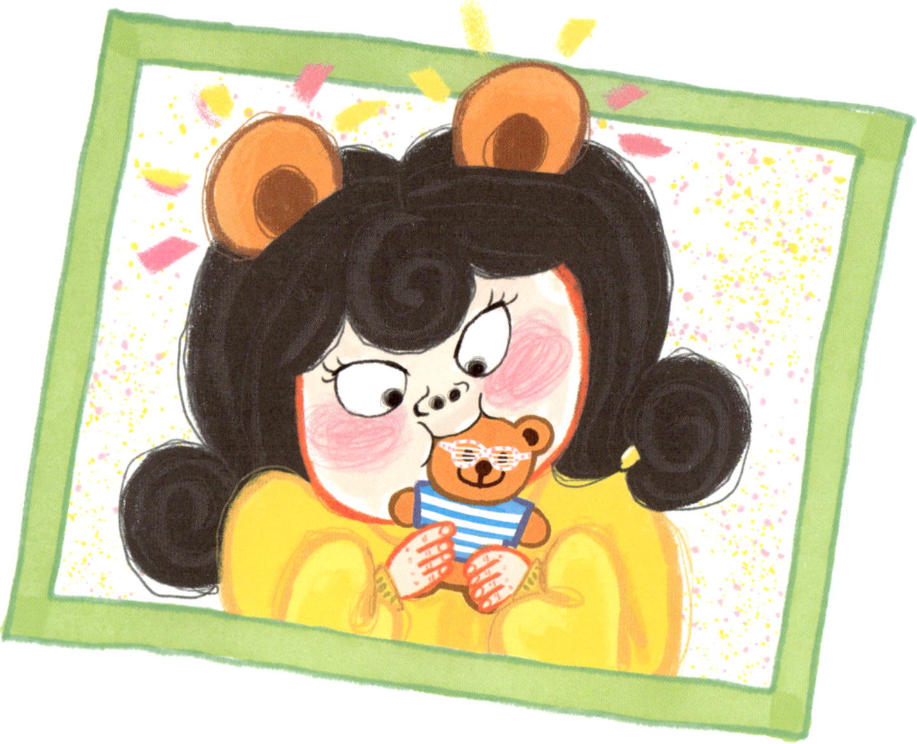

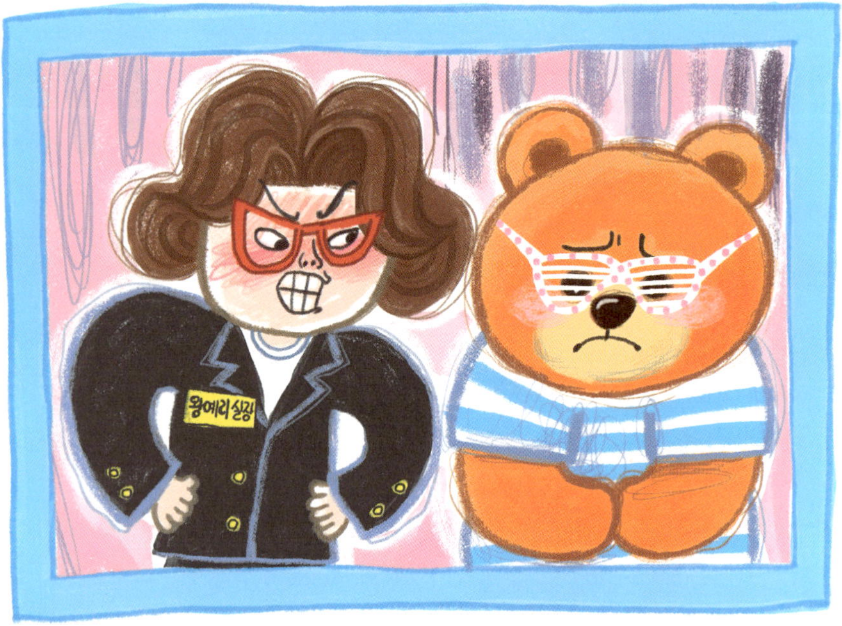
왕예리 실장

"아이를 찾습니다!"

작전! 지갑을 열어라!

"금리 씨, 큰일 났어요! 아이가 사라졌대요. 여덟 살 남자아이고요, 파란 줄무늬 티셔츠를 입었대요!"

"네? 아이가 사라졌다고요?"

금리는 순식간에 얼굴이 새하얗게 변했다. 아이가 엄마를 찾으며 헤매고 있을 생각을 하니 아찔해졌다. 금리는 아이를 찾기 위해 다급히 주변을 둘러보았다. 그런데 주변의 모든 아이가 파란색 줄무늬 티셔츠를 입고 있는 것이 아닌가. 금리는 자신의 머리를 쥐어뜯으며 소리쳤다.

"아니, 여기서 어떻게 아이를 찾으라는 거야?"

그때 한 여자가 다가와 금리에게 말했다.

"무슨 일이 있어도 빨리 찾아야 해요! 미아 찾기에는 골든 타임이 있다고요!"

금리는 울먹이며 하늘을 보고 소리쳤다.

"히잉……. 이런 거 정말 싫어! 저 돌아가고 싶어요, 할아버지!"

여기는 베스트 쇼핑센터 1층. 마케터가 된 금리가 일하는 팝업 스토어였다.

금리가 이 베스트 쇼핑센터에서 고생하게 된 건 곰돌이 빵 때문이었다. 달콤하고 부드러운 곰돌이 빵 말이다. 그날도 금리는 여느 때처럼 학교 수업을 마치고 집으로 돌아왔다. 식탁 위에는 예쁘게 포장된 노란색 상자 하나가 놓여 있었다.

"이게 뭐지?"

금리가 상자를 열어 보니 귀여운 곰돌이 모양의 빵이 세 개 들어 있는 게 아닌가. 금리는 입가에 고이는 침을 닦으며 말했다.

"어쩜. 완전 귀엽게 생긴 빵이잖아. 혹시 내가 국어 시험 잘 본 거 칭찬해 주려고 엄마가 사다 놓으신 건가. 히히. 잘 먹겠습니다."

금리는 빵 하나를 꺼내 잉 베어 물었다. 그때 이득이가 방에서 나오다가 금리에게 소리 질렀다.

"누나! 뭐 하는 거야!"

"우웅?"

금리는 빵을 먹다 말고 깜짝 놀라 이득이를 쳐다보았다.

"왜에? 빠앙 머고 이는데."

그러자 이득이는 털썩 주저앉으며 한탄했다.

"그게 어떤 건 줄 알아? 우리 동네에서 제일 큰 **쇼핑몰**에서 오픈 1주년 기념으로 딱 100개만 만들어 판 스페셜 곰돌이 빵이라고!"

금리는 빵을 꿀꺽 삼키고는 고개를 갸우뚱하며 말했다.

"스페셜 곰돌이 빵?"

"하라랑 먹으려고 1주년 기념 팝업 스토어에서 1시간이나 줄 서 있다가 겨우 샀단 말이야."

"그렇게 스페셜한 빵이면 누나를 갖다 줄 생각을 해야지. 쪼그만 게 벌써부터 여자 친구만 챙기고 말이야!"

"아니, 하라는 여자 친구지만 여자 친구는 아니고……. 어쨌든 내 거잖아. 왜 묻지도 않고 막 먹어! 내 빵 내놔!"

"아유, 까짓것 내가 다시 사 주면 되잖아."

"지금까지 뭘 들은 거야. 한정판이라니까. 100개만 만들어서 이젠 못 산다고!"

"다신 못 사는 스페셜한 거란 말이지. 흠…….."

금리는 갑자기 식탁 위에 있던 빵 상자를 번쩍 들고 쏜살

같이 자기 방으로 뛰어갔다.

"누나!"

눈 깜짝할 사이에 벌어진 일이었다. 이득이는 잠시 멍하니 있다가 허겁지겁 금리의 뒤를 쫓았다. 하지만 금리가 한 발 빨랐다. 이득이보다 먼저 방에 들어간 금리는 쾅! 소리를 내며 방문을 닫고, 재빨리 문을 잠가 버렸다. 이득이는 열이 잔뜩 오른 얼굴로 방문을 마구 두드리며 소리쳤다.

"문 열어! 당장 내 빵 내놔!"

"하라는 여자 친구도 아니라며? 이건 내가 먹을게. 하라는 비슷한 빵을 대신 사 줘. 그렇게 스페셜한 빵이면, 친구보다 누나인 내가 더 먹을 자격 있지!"

"하나 먹었잖아!"

"아까는 네가 하도 소리 질러서, 무슨 맛인지도 모르고 그냥 꿀꺽 삼켜 버렸다고. 이거 다시는 못 사는 빵이라며? 이런 기회를 내가 놓칠 수 없지. 캬하하하!"

마녀처럼 웃으며 금리는 상자 안에서 빵 하나를 꺼내 입에 넣었다. 두 번째, 세 번째 곰돌이 빵까지⋯⋯.

달콤하고 부드러운 빵이 입안에서 사르르 녹자, 금리는 눈을 감고 맛을 음미하며 중얼거렸다.

"진짜 맛있는 빵이네. 아⋯⋯ 행복하다."

쇼핑몰 마케팅

왜 쇼핑몰엔 시계가 없을까?

쇼핑몰은 단순히 물건을 판매하는 공간이 아니라
다양한 문화생활을 즐길 수 있는 복합 문화 공간이 됐어.

사람들에게 더 많은 물건을 팔기 위해 다양한 마케팅을 펼치지.

쇼핑몰에는 시계와 창문이 없는 경우가 많아.
시간을 잊고 오래 쇼핑하게 만들기 위해서지.

또 쇼핑 카트를 점점 크게 만들기도 해.
물건을 덜 산 것처럼 느껴서 물건을 더 많이 사게 만들기 위해서야.

특별한 날에는 쇼핑몰 안에
독특한 콘셉트의 포토 존을 꾸며.
쇼핑이 아니더라도 놀러 오고
싶은 공간으로 만들기도 해.

쇼핑몰은 다양한 물건을 판매할 뿐만 아니라
전시회나 체험 공간을 운영해. 다양한 경험을 하면서
쇼핑할 수 있도록 마케팅 전략을 사용하고 있어.

행복감에 푹 젖어 있던 금리는 문득 문 쪽이 너무 조용하다는 걸 깨달았다. 금리는 살며시 문에 귀를 갖다 댔다.

"왜 이렇게 조용하지? 얘가 벌써 포기하고 간 건가?"

금리는 문을 아주 살짝 열고 밖을 살폈다. 그 순간, 엄청난 힘으로 문이 벌컥 열렸다. 그리고 이득이가 금리 손에 들려 있던 빵 상자를 낚아챘다.

"잡았다! 내 곰돌이 빵!"

그러나 상자 안은 텅 비어 있었다. 이득이는 상자를 닫으며 무서운 얼굴로 금리를 노려보았다.

"진짜 내 빵 다 먹었어? 누나는 꼭 벌받을 거야!"

이득이는 상자를 바닥에 내동댕이치고 금리 방을 나가 버렸다. 잠시 기가 눌려 멍하니 있던 금리는 금방 활기를 되찾았다.

"흥! 빵 하나 갖고 유세는. 내가 나중에 돈을 왕창 벌면 이런 거는 상자째로 사 줄 수 있다고."

바로 그때였다. 금리의 발밑에서 무언가 번쩍번쩍 빛을 내뿜기 시작했다. 그것은 이득이가 던지고 간 빵 상자였다.

"오잉? 상자에서 빛이 나네?"

어느새 상자 윗면이 5만 원짜리 그림으로 바뀌어져 있었다.

"이건 자본주의 편의점의 돈 문이잖아."

금리는 손을 뻗어 돈 문을 열었다. 그러자 순식간에 환한 빛이 거실에 쏟아졌다. 금리는 들뜬 얼굴로 상자 안으로 들어갔다. 그러자 눈앞에 수많은 돈과 동전들이 떨어지며 펄럭펄럭, 땡그랑땡그랑 요란하게 울려 퍼지는 자본주의 편의점 풍경이 펼쳐졌다.

"어서 오세요, 자본주의 편의점입니다."

할아버지가 언제나처럼 여유로운 미소로 금리를 반겨 주었다. 금리는 투정을 부리듯 할아버지에게 말했다.

"할아버지! 저 오늘도 이득이랑 싸웠어요!"

"저런, 무슨 일이 있었나요?"

"이득이가 친구랑 먹으려고 사 온 빵을 제가 먹었거든요. 한정판이라나 뭐라나……. 그렇게 중요하면 상자에 이름이라도 적어 놨어야 하는 거 아니에요?"

"이득 학생이 친구랑 먹으려던 빵을 먹은 거면 금리 학생이 잘못했네요. 게다가 한정판이면 더 이상 구할 수도 없잖아요."

금리는 살짝 기가 죽어서 변명했다.

"여기도 한정판 엄청 많잖아요. 사실 그런 거 다 사람들이 더 사고 싶게 하려고 만든 건데, 애는 그런 것도 모르고 저한테만 뭐라고 한다니까요!"

"하하. 금리 학생, 그러지 말고 이득 학생에게 다른 한정판 상품을 사다 주는 건 어때요? 마침 이번에 신제품 디저트가 많이 들어왔는데, 전부 한정판으로 팔고 있답니다."

"신제품! 한정판 디저트! 어디 있나요?"

할아버지는 편의점 복도 끝에 있는 진열대를 손으로 가리켰다.

"요즘은 편의점에서도 프리미엄 디저트가 대세예요. 특히 유명 카페랑 협업한 베이커리, 푸딩, 조각 케이크 같은 제품들이 인기랍니다."

금리는 설레는 발걸음으로 디저트 진열대로 향했다. 진열대에는 정말 카페 부럽지 않을 정도로 다양한 디저트들이 진열돼 있었다.

아이돌을 만나는 아이스크림, 해롱해롱 꿀맛 마카롱, 게임왕이 되는 왕사탕……. 먹기 아까울 정도로 예쁘고 달콤해 보이는 디저트들이 진열대를 따라 쭉 이어졌다.

정신없이 진열대를 둘러보던 금리는 한 디저트 앞에서 걸음을 멈췄다. 그리고 놀란 듯 중얼거렸다.

"헉! 이건 그 빵이잖아?"

이득이가 사 온 스페셜 곰돌이 빵과 똑같이 생긴 빵이었다. 귀여운 곰 인형 모양의 빵이 반투명한 상자에 담겨 있었다. 상자 위에는 반짝이는 글씨로 'SWEET BEAR'라고 쓰여 있었다. 금리는 곰돌이 빵이 든 상자를 덥석 집어 들더니, 상자를 들여다보면서 호들갑을 떨었다.

"진짜 똑같아! 아니, 그렇게 귀하다고 난리치더니 여기서도 팔고 있잖아!"

금리는 콧노래를 부르며 빵 상자를 들고 계산대로 향했다.

"할아버지, 이거 계산해 주세요."

"만 원입니다."

"우아, 이렇게 쪼그만 빵 하나에요?"

"네, 최고급 버터랑 유기농 밀가루로 만들어서 좀 비싸요."

"이 곰돌이 빵이 엄청 비싼 거였구나. 이득이가 난리 칠 만했네. 흐음, 너무 비싼데 사지 말까?"

할아버지가 금리의 마음을 알아채고는 씩 웃으며 말했다.

"이 제품, 오늘 1+1 행사 중이네요."

"하나를 사면 하나를 더 준다고요? 그럼 당장 사야죠!"

금리는 다시 진열대로 총총 걸어가 빵 상자를 하나 더 집어 왔다. 그러고는 다시 계산대로 와서 만 원 지폐를 할아버지에게 내밀었다. 금리는 두 개의 빵 상자를 들고 행복한 상상을 했다.

"한 상자는 이득이에게 주고 나머지 한 상자는 내가 먹어야지. 출출한데, 빵 하나는 지금 먹어 볼까."

금리는 빵 상자 하나는 계산대에 놓고 나머지 상자 뚜껑을 열고 빵을 꺼냈다. 그런데 곰돌이 빵을 본 순간, 금리는 눈을 동그랗게 떴다.

"어? 이건 좀 다른데?"

이득이가 샀던 빵은 아무 무늬도 없는 곰돌이였는데, 이 빵엔 초콜릿으로 선글라스와 파란 줄무늬 반팔 티셔츠가 그려져 있었다.

"이 곰돌이 빵은 줄무늬 선글라스랑 티셔츠를 입고 있네. 그래서 비싼 건가?"

잠시 곰돌이 빵을 바라보던 금리는 곰돌이 빵을 한입에 와앙! 넣어 버렸다.

"우아, 정말 맛있다!"

곰돌이 빵은 겉은 바삭하고 속은 쫄깃했다. 빵을 한입 가득 넣고 씹자 진한 초콜릿 맛이 확 퍼졌는데, 이득이가 산 빵보다 맛있었다.

"이건 10시간을 줄을 서서 기다렸다가 먹을 만해. 정말 맛있잖아!"

곰돌이 빵을 다 먹자 그 순간, 금리의 귓가에서 '뿅' 하는 소리가 들렸다.

"응? 무슨 소리지?"

그러나 아무 일도 일어나지 않았다. 금리는 어깨를 한번 으쓱하고, 상자 안에 남아 있던 곰돌이 빵을 보면서 말했다.

"이건 이득이 갖다줘야지. 그러면 화가 좀 풀리겠지. 역시 난 좋은 누나라니까."

금리는 계산대에 있던 빵 상자까지 들고 할아버지에게 인사드렸다. 그리고 편의점 문을 열고 밖으로 나섰다.

"뭐야, 여기는······. 쇼핑몰?"

금리가 편의점 문을 열고 나온 곳은 거대한 쇼핑몰이었다. 조명은 눈이 부실 정도로 밝았고, 쇼윈도에는 상품들이 멋지게 진열되어 있었다. 그리고 세련된 옷을 차려입은 사람들이 곳곳에서 쇼핑을 즐기고 있었다. 금리는 층별 안내도에 적힌 쇼핑몰 이름을 보고 깜짝 놀랐다.

"베스트 쇼핑센터? 여기 우리 동네에 새로 생긴 쇼핑몰인데······."

매장마다 사람들로 북적북적, 장사가 잘되는 티가 팍팍

났다. 쇼핑몰을 둘러보던 금리가 매장 유리창에 비친 자신의 모습을 보고, 눈이 휘둥그레졌다.

"이게 뭐야? 내 모습이 왜 이래?"

금리는 유리창에 비친 자신의 모습을 살폈다. 5학년 여자아이는 온데간데없고, 커다란 머리에 통통한 몸, 온몸이 갈색 털로 덮인 이상한 존재가 서 있었다. 거기다 줄무늬 선글라스에 파란 줄무늬 반팔 티셔츠까지! 아무리 봐도, 편의점에서 먹었던 그 곰돌이 빵과 모습이 똑같았다.

"내가 왜 이런 곰탱이가 된 거야?"

기절초풍한 금리는 펄쩍 뛰며 양손으로 자신의 머리를 붙잡았다. 그리고 곰돌이 탈을 벗으려고 했다. 그런데 아무리 잡아당겨도 곰돌이 탈은 꿈쩍도 하지 않았다.

"뭐야! 이거 왜 안 벗겨지는 거야!"

금리가 곰돌이 탈을 벗어 보려고 낑낑거릴 때였다.

"고금리 마케터, 또 또! 농땡이를 부리고 있는 건가요!"

어디선가 목소리가 들려왔다. 금리가 고개를 들어 보니 제복을 입은 나이가 든 여자가 금리에게 다가오고 있었다. 그녀는 제복 가슴 한쪽에 황금색 명찰을 차고 있었다. 명찰에는 '왕예리 실장'이라고 적혀 있었다.

"농땡이라뇨? 곰돌이 탈을 벗는 중이죠. 그런데 누구세요? 저 아세요?"

"요즘 신입 마케터는 무엇을 상상하든 그 이상이라는 얘기는 들었지만 금리 씨는 아주 파격적이군요. 내가 누구냐고요? 금리 씨를 아냐고요? 그럼요. 너무 잘 알죠! 금리 씨는 우리 베스트 쇼핑센터의 마케터잖아요."

"네? 마켓이요?"

"아뇨! 마! 케! 터! 상품을 기획하고, 어떤 물건을 팔지 정하고, 언제 어떻게 진열할지까지 계획하는 사람! 매장의 전략가이자, 트렌드를 읽는 마법사 같은 존재! 금리 씨는 우리 쇼핑센터의 마케터잖아요!"

왕예리 실장은 입은 웃고 있었지만, 말투는 얼음처럼 차가웠다. 금리는 왕예리 실장을 보면서 속으로 생각했다.

'이 사람, 좀 무서운데……'

왕예리 실장이 송곳처럼 날카로운 눈으로 쏘아보며 말을 이었다.

"어쨌든 고금리 씨! 지금 농땡이 부릴 때가 아니에요! 금리 씨가 쓰고 있는 곰돌이 탈은 지난번 팝업 스토어 실패를 극복하기 위해 우리 베스트 쇼핑센터가 절치부심해서 만든 거라고요."

"네? 참치 뱃살이요?"

"절! 치! 부! 심! 다시 말해 우리 쇼핑몰의 운명을 걸고 만들었다고요."

금리는 곰돌이 탈을 쓰다듬었다.

"아니, 이 곰돌이 탈에 왜…… 왜요?"

"이 곰돌이 탈을 쓰고 재주를 부려서 사람을 끌어모으자고, 지난 회의 때 내가 얼마나 강조했나요. SNS에서도 화제가 되는 걸 노리는 전략이잖아요!"

"재주를 부려요? 저는 재주가 없는데요. 귀여운 거 빼고는."

"그게 바로 재주죠. 자, 얼른 내려갑시다!"

왕예리 실장은 금리의 등을 떠밀며 걸음을 재촉했다.

"아니, 실장님! 저는 여기 직원이 아니에요."

"알죠. 오늘은 직원이 아니라 곰돌이 캐릭터예요. 빨리 따라오세요."

"실장님! 실장님! 제 말 좀……."

왕예리 실장은 금리 말을 무시하고 금리를 화물용 엘리베이터에 태웠다. 곰돌이 탈을 쓴 금리는 뒤뚱뒤뚱 밀려 들어가며 속으로 외쳤다.

'아니, 난 곰도 아니고 마케터도 아니라고요! 난 그냥 초등학생이라고요!'

엘리베이터는 층마다 멈췄다. 4층, 3층, 2층. 문이 열릴 때마다 금리는 도망가려 했지만 층마다 사람들이 타서 틈이 나질 않았다. 그리고 땡! 엘리베이터가 1층에 도착했다. 엘리베이터 문이 열리자, 왕예리 실장이 손을 뻗어 앞을 가리켰다.

"도착했네요. 우리의 전쟁터! 각오 됐겠죠?"

금리는 말을 잇지 못하고 눈앞을 멍하니 바라봤다. 그곳은 곰돌이 팝업 스토어였다. 마치 인형의 집처럼 알록달록하게 꾸며진 곰돌이 캐릭터의 세상. 바닥부터 천장까지 이어진 통로 한쪽엔 거대한 곰돌이 인형이 줄지어 있었고, 벽에는 곰돌이 방, 거실, 부엌 같은 그림이 있었다. 곰돌이 팝업 스토어 한가운데에는 커다란 곰돌이 인형이 앉아 있었다. 그 곰돌이 옆에는 벤치가 놓여 있었고, 사람들이 그곳에 앉아 사진을 찍을 수 있었다.

"우아, 저기 솜사탕도 있잖아."

그곳에는 '솜사탕 곰돌이 만들기'라고 적힌 부스가 있었다. 직원이 솜사탕 기계로 곰돌이 얼굴 모양 솜사탕을 만들면 손님이 그 솜사탕에 초코 펜으로 눈, 코, 입을 직접 그려 넣을 수 있었다. 그러면 손님은 세상에 단 하나뿐인 곰돌이 솜사탕을 가질 수 있었다. 그 맞은편에는 곰돌이 빵이 진열되어 있었다. 오리지널, 초콜릿, 블루베리까지 다양한 맛이 준비되어 있는 **체험형** 부스였다.

"우아, 여기는 진짜 곰돌이 천국이네."

금리는 입을 쩍 벌린 채 그 풍경을 바라봤다. 팝업 스토어라고 해서 작은 부스일 줄 알았는데, 이건 거의 놀이동산 같았다.

직원들은 팝업 스토어 오픈 준비를 하느라고 분주했다. 그때 왕예리 실장이 한 직원을 향해 소리쳤다.

"뭐 하는 거예요! 쿠키는 곰돌이 빵과 **대체재**라니까요! 같이 두면 서로 매출을 갉아먹는다고요! 멀리 떨어뜨려 놓으세요!"

직원들은 서둘러 쿠키를 곰돌이 빵 부스에서 멀리 떨어진 곳으로 옮겼다. 그중 한 직원이 조심스레 물었다.

"실장님, 그럼 커피랑 레모네이드는 어디에 둘까요?"

"커피와 레모네이드는 곰돌이 빵과 **보완재**니까 바로 옆에 두세요."

왕예리 실장은 직원들이 음료를 가져와 매대를 채우자 만족한 듯 고개를 끄덕였다. 동화 속 세상 같은 팝업 스토어 풍경을 곰돌이 탈을 쓴 금리는 넋을 놓고 쳐다보았다. 그때였다. 짝짝짝! 왕예리 실장이 박수를 친 후 마이크를 들고 외쳤다.

"1시입니다. 드디어 오픈 시간이에요. 이제 점검 끝! 모두 각자 위치로 이동하세요!"

직원들은 깜짝 놀라 허겁지겁 자기 자리로 돌아갔다. 인형을 파는 직원은 인형 매대로, 솜사탕을 파는 직원은 솜사탕 구역으로, 곰돌이 빵을 파는 직원은 곰돌이 빵 매대로 모두 분주히 움직였다.

금리는 주변을 두리번거리다가 조심스럽게 손을 들고 물었다.

"저기, 저는 어디로 가야 해요? 갈 데 없으면 그냥 집에 가도 될까요?"

"집이요? 금리 씨 집은 바로 저기, 입구예요. 저기 가서 내 집이다 생각하고 재주를 부려서 사람들을 끌고 오란 말이에요!"

금리는 어쩔 수 없이 뒤뚱뒤뚱 걸어 입구로 갔다. 왕예리 실장의 심기를 거슬리면 곰 발바닥으로 맞을 수도 있을 것 같았다.

'대체 내가 왜 곰돌이 탈을 쓰고 재주를 부려야 하냐고요.'

체험 소비

눈에 보이지 않는 걸 산다고?

소비는 크게 두 가지로 나눌 수 있어.
눈에 보이고 손으로 만질 수 있는 걸 사는 건 '물질 소비'라고 해.

눈에 보이지 않는 경험을 사는 건 '체험 소비'라고 해.

둘 중 어떤 소비가 만족감이 높을까?

EBS 다큐프라임 제작진은 서울대학교 심리학과 곽금주 교수 팀과 함께 어린이를 두 팀으로 나누고, 각각 물질 소비와 체험 소비를 하게 했어.

결과는 체험 소비를 한 팀의 만족도가 더 높았지.

하지만 만족도는 사람마다 달라. 자신이 어떤 것에 더 만족하는지 생각해 보자.

대체재와 보완재

바꿔 사는 물건 vs 같이 사는 물건

서로 대신 쓸 수 있는 관계에 있는 물건을 '대체재'라고 해.

한 물건의 가격이 오르면 대체재인 다른 물건의 수요가 늘어나.

그래서 마트에서는 대체재인 두 물건을 떨어트려서 진열하기도 해.

서로 함께 사용할 때 만족도와 효용이 높아지는 물건을
'보완재'라고 해.

보완재 관계인 물건들은 같이 사는 경우가 많아서,
함께 진열하거나 세트로 파는 경우가 많아.

한 물건의 가격이 오르면 보완재인
다른 물건의 수요도 줄어들 수 있어.

금리는 속으로 절규했지만 팝업 스토어는 활짝 문을 열었다. 이 팝업 스토어는 인형, 빵, 솜사탕, 포토 존, 음악까지 세상 어디에도 없는 환상적인 곰돌이 세상이었다. 금리는 입구 앞에서 팔을 활짝 벌리며 손님들을 환영하는 포즈를 취했다. 하지만 몇 사람만 들어올 뿐, 팝업 스토어 안은 여전히 한가하기만 했다.

　"이렇게 예쁘게 꾸며 놓았는데, 왜 이렇게 반응이 없지?"

　금리가 중얼거리자 옆에 있던 왕예리 실장이 작은 한숨을 쉬며 말했다.

　"역시 팝업 스토어 성공은 쉽지 않군요. 예전엔 좀 특이하면 손님들이 많이 찾아왔는데, 요즘 손님들은 더 까다로워졌어요. 뭔가 특별한 게 있어야 해요. 이럴 줄 알고 준비해 놓은 게 있죠."

　'오잉? 준비?'

　그 순간 왕예리 실장의 눈이 반짝였다. 그러고는 마이크를 잡고 지나가는 사람들을 향해 말했다.

　"지금 곰돌이 팝업 스토어에서 오시면, 인증 사진만 올려도 특별한 선물을 드립니다! 부담 없이 구경하고 공짜 선물 받아 가세요!"

　"네? 공짜 선물이요?"

금리는 놀라서 외쳤지만 왕예리 실장에게 더 이상 말을 걸 틈이 없었다. 그 방송이 끝나자마자 한가했던 팝업 스토어로 사람들이 우르르 몰려들기 시작했기 때문이다. 사람들은 포토 존에서 사진을 찍고 금리에게도 다가왔다.

"와, 이 곰돌이랑도 인증 사진 찍자!"

한 명, 두 명……, 금리와 사진을 찍으려는 사람들이 점점 늘어났다. 금리는 점점 팝업 스토어 안쪽으로 밀려들어 갔다. 금리는 속으로 외쳤다.

'으악, 금리 살려!'

하지만 왕예리 실장은 그런 금리의 마음도 모른 채 무척 흡족한 얼굴로 말했다.

"후후, 역시 밴드웨건 효과! 사람들은 남들이 몰리는 곳에 더 끌리는 법이지요."

정말 사람이 많아질수록 금리는 점점 더 바빠졌다. 처음에는 대학생, 나중에는 아이들과 부모까지 몰려왔다. 아이들은 곰돌이 금리를 보며 환호성을 질렀다. 어떤 아이는 금리 다리에 대롱대롱 매달렸고 심지어 태권도 유단자라는 아이는 금리에게 돌려차기를 했다. 신난 아이들과 달리 곰돌이 탈 속에서 금리는 울고 싶었다. 왕예리 실장이 다가와 아이들을 말렸다.

"여러분, 곰돌이를 발로 차면 곰돌이가 다칠 수 있어요."

그때 쿠키를 파는 직원이 왕예리 실장에게 다가왔다.

"실장님, 지금 줄이 너무 길어졌어요. 어쩌죠? 먼저 들어온 손님들을 내보낼까요?"

금리는 슬쩍 입구를 보았다. 정말 길고 긴 줄이 복도에 쭉 늘어서 있었다.

'와, 줄이 엄청 기네. 저 정도면 기다리다가 그냥 갈 수도 있겠는데……'

하지만 왕예리 실장이 고개를 흔들며 단호하게 말했다.

"안 돼요. 먼저 들어온 손님을 내보내면, 그 손님의 기분이 상할 거예요. 그럼 좋은 기억이 사라질 수 있어요. 웨이팅도 마케팅 전략입니다. 그대로 진행하세요."

금리와 직원은 눈이 동그래졌다. 하지만 왕예리 실장의 표정에는 확신이 가득했다. 정말 시간이 지날수록 팝업 스토어는 손님들로 미어터질 듯 붐볐다. 진열대에 곰돌이 인형과 곰돌이 빵을 채우기가 무섭게 팔려 나갔다.

"헉, 도대체 이 많은 사람은 어디서 온 거야. 우리 동네에 이렇게 사람이 많이 살았나?"

금리는 왕예리 실장이 안 보이자 슬며시 입구 쪽으로 빠져나가 잠깐 쉬려고 했다. 입구 근처에는 금리처럼 휴식을 취하려고 나온 직원들이 있었는데, 핸드폰을 들여다보며 이야기꽃을 피우고 있었다.

"야, 요즘은 온라인 쇼핑이 대세라 **오프라인** 매장은 잘 안되는데 우리 베스트 쇼핑센터는 곰돌이 팝업 스토어 덕분에 완전 대박 났네."

"이게 다 SNS 덕분이지. 줄 선 거 인증하고, 입장에 성공했다고 자랑하는 글이 줄줄이 올라오고 있어."

그 말을 듣고 있던 금리는 직원들 사이로 곰돌이 손을 쑥 내밀었다.

"으악, 깜짝이야. 야, 막내! 손부터 들이밀지 말고 말을 해라, 말을!"

직원의 말을 듣고 금리는 머리를 긁적이며 능청스럽게 대답했다.

"하하, 제가 너무 궁금해서요! 어떤 글들이 올라왔어요?"

한 직원이 금리 코앞에 핸드폰을 들이밀었다. SNS에는 곰돌이 팝업 스토어 후기 글이 잔뜩 올라와 있었다.

1시간 웨이팅 후 입장 성공!
2시간 대기했지만, 인생 사진 건졌다!

업로드 한 사진 중에는 곰돌이 탈을 쓴 금리와 찍은 사진도 꽤 많았다.

옴니 채널

온라인으로 산 걸 오프라인에서 찾는다고?

시장의 형태는 시대에 따라 달라지고 있어. 과거에는 시장이나 매장에 직접 가서 물건을 구매하는 '오프라인 쇼핑'만 있었어.

인터넷이 발전하면서부터는 직접 매장에 가지 않아도 컴퓨터나 휴대폰으로 물건을 구매할 수 있게 됐어. 이것을 '온라인 쇼핑'이라고 해.

또 이 둘의 형태를 합친 시장도 있어.
온라인과 오프라인의 경계를 없앤 시장을 '옴니 채널'이라고 해.

온라인 쇼핑으로 구매한 걸 매장에서 직접 찾거나
매장에서 물건을 직접 보고 온라인 쇼핑하는 것이 대표적인 예시야.

온라인과 오프라인의 장점을 합쳐,
어디서 구매하든 같은 매장을 이용하는 것처럼 느끼게 해 줘.

시장은
시대에 따라 변하며,
온·오프라인을
넘나들며
계속 바뀌고 있어.

'처음에는 그렇게 손님이 없었는데……. 우리 팝업 스토어 진짜 성공했구나. 이거 아무래도 다 내 덕분인 거 같단 말이지. 봐 봐. 내 사진이 이렇게 많잖아. 곰돌이 탈을 쓴 모습이긴 하지만 말이야.'

금리는 고개를 돌려 저 멀리 서 있는 왕예리 실장을 바라봤다.

'그래. 아까 실장님이 특별한 보상을 얘기하지 않았다면 성공하지 못했을 거야. 대단하다. 실장님.'

왕예리 실장의 머리 뒤로 후광이 비치는 것 같았다. 그 뒤로도 팝업 스토어에 계속 손님들이 몰려들었고, 곧이어 곰 인형도, 솜사탕도, 곰돌이 빵도 매진되기 시작했다. 왕예리 실장은 직원들에게 얘기했다.

"매진되는 상품들이 많아지는군요. 기다리는 분들께는 '준비한 물량과 재료가 소진되어 곧 종료한다'라고 안내해 주세요. 그 대신 줄을 서 계신 분들께 특별 선물을 챙겨 드리세요."

'도대체 저 특별 선물이 뭘까? 궁금하다!'

직원들이 줄을 선 손님들에게 예쁜 곰돌이가 그려진 봉투를 나눠 주었다. 손님들은 그 자리에서 봉투를 열어 보았다. 금리도 봉투 안에 무엇이 들어 있는지 궁금해서 어깨 너

머로 들여다봤다. 그 안에는 곰돌이 모양 스티커가 들어 있었다.

"에게, 저게 특별 선물이야?"

금리는 실망하며 고개를 절레절레 흔들었지만 손님들의 반응은 전혀 달랐다.

"이번 팝업 스토어에서만 주는 한정판 스티커래. 완전 귀엽다!"

"오늘만 받을 수 있는 거니까, 더 특별하지."

사람들은 즐거워했다. '여기서만', '오늘만' 받을 수 있다는 희소성에 큰 의미를 두는 듯했다. 팝업 스토어는 문을 닫고 직원들은 분주하게 팝업 스토어를 정리했다. 조금 전까지 북적이던 매장은 점차 조용해지고 평화로워졌다. 그러나 그 평화도 잠시였다. 한 직원이 얼굴이 새파랗게 질린 채 허둥지둥 뛰어왔다.

"왕예리 실장님! 손님 중 한 분이 아이를 잃어버렸대요!"

"네? 이 팝업 스토어 안에서요? 언제부터 아이가 안 보였다고 하신거죠?"

왕예리 실장이 놀라 물었고, 직원이 자세히 설명했다.

"좀 전이래요. 잠깐 계산하는 사이에 아이가 사라졌대요. 손님이 이만저만 걱정하고 있는 게 아니에요."

금리는 가슴이 철렁 내려앉았다. 그때 왕예리 실장이 차분히 마이크를 들고 말했다.

"모든 직원은 즉시 일을 멈추고 아이를 찾으세요."

그러고는 직원에게 아이의 특징을 말해 보라고 했다.

"여덟 살 남자아이고요. 파란색 줄무늬 반팔 티셔츠를 입고 있다고 합니다. 아이의 사진은 직원 소통방에 올리겠습니다."

직원들은 즉시 흩어져서 아이를 찾기 시작했다. 금리도 그 말에 주변을 둘러보았다. 그런데 앞에도 옆에도 파란색 줄무늬 반팔 티셔츠를 입은 아이들이 가득했다.

"아니, 여기서 어떻게 아이를 찾으라는 거야?"

정말 그랬다. 오늘 팝업 스토어에 곰돌이와 똑같은 파란색 줄무늬 반팔 티셔츠를 입고 오면 할인해 준다고 공지했었는데, 그 덕분에 쇼핑몰 전체가 파란 티셔츠 천지였다. 금리는 어쩔 줄 모르고 서 있었다. 왕예리 실장은 차분하게 움직이면서 직원들에게 계속 지시했다.

"베스트 쇼핑센터 보안 팀에 알려서 모든 출입구 담당자에게 아이의 사진을 공유하세요. 골든 타임을 놓치면 안 됩니다!"

직원은 곧장 달려 나갔다. 곰돌이 탈을 쓴 금리만 어쩔 줄

몰라 하며, 그저 멀뚱히 다른 직원의 핸드폰 화면에 떠 있는 아이의 사진을 바라보고 있었다. 파란색 줄무늬 반팔 티셔츠를 입은 아이의 사진을 한참 들여다보던 금리는 무언가 떠오른 듯 손바닥을 탁 쳤다.

"어라! 이 아이, 아까 그 태권도 자세를 취하던 아이잖아! 노란 띠 땄다고 자랑하던 그 아이!"

금리는 아이가 갈 만한 곳이 생각났다. 얼른 엘리베이터 앞으로 달려가 타려고 하였다. 그러나 쿵! 커다란 머리가 걸려 엘리베이터 안으로 못 들어갔다.

"아까는 엘리베이터 탔는데……. 아, 맞다. 그건 화물용이었지."

금리는 서둘러 에스컬레이터를 탔다. 2층, 3층, 4층. 초조한 마음으로 도착한 곳은 4층에 있는 도장. 태권도, 유도 합기도 등 다양한 무술을 배울 수 있는 공간이었다. 도장에는 사람들로 북적거렸다. 금리는 여기저기 둘러보다가 경기장 한복판으로 뛰어들었다.

"도장에 왜 곰이?"

"저 곰돌이는 뭐지?"

태권도복, 유도복을 입은 사람들이 곰돌이 탈을 쓴 금리를 보고 어리둥절해했다. 그 틈을 놓치지 않고 금리가 큰 소리로 외쳤다.

"아이를 찾습니다! 파란색 줄무늬 반팔 티셔츠를 입은 남자아이입니다! 부모님이 애타게 찾고 있어요!"

그때 한 아이가 손을 번쩍 들고 외쳤다.

"여기요! 그 아이 여기 있어요!"

금리가 손을 든 아이에게 달려갔다. 그 아이는 태권도복을 입고 있었다. 금리는 주변을 두리번거리며 아이에게 물었다.

"파란색 줄무늬 반팔 티셔츠를 입은 아이가 어디 있니?"

그러자 그 아이는 태권도복 앞자락을 살짝 열었다. 태권도복 안에는 파란색 줄무늬 티셔츠가 있었다.

"저요, 제가 그 아이예요."

금리는 아이의 얼굴을 찬찬히 살폈다. 아까 금리에게 돌려차기를 했던 그 아이가 맞았다.

"바로 너구나! 그런데 너 왜 여기 있어?"

"도복 입은 형이 보여서 따라왔더니 도장이 있더라고요. 사범님이 수업 시작한다고 다 저쪽에 있는 태권도복을 입으라고 해서 따라 입었어요. 수업만 끝나면 바로 내려가려고 했어요."

금리는 무릎을 꿇고, 아이에게 눈을 맞춘 다음 달래듯 말했다.

"부모님께 말씀은 드리고 왔어야지. 빨리 가자. 부모님이 걱정 많이 하고 계셔."

"네."

금리는 도장 사범님과 함께 아이 손을 꼭 잡고 1층으로 내려갔다. 팝업 스토어 앞에는 아이를 애타게 찾는 아이의 부모님이 있었다. 아이의 엄마는 아이를 보자마자 아이를 껴안고 울음을 터뜨렸다. 왕예리 실장은 미소를 지으며 금리에게 말했다.

"금리 씨, 정말 잘했어요."

"아니에요. 저 아이가 아까 저한테 돌려차기 했던 게 기억나서요."

"그 기억이 바로 피드백이죠. 금리 씨는 멋진 마케터예요. 손님의 반응을 기억하고, 무엇보다 가장 중요한 사고를 막아냈잖아요."

금리는 왕예리 실장의 말에 활짝 웃으며 팝업 스토어를 바라보았다. 고된 하루였지만, 진심을 다한 하루였기에 무척 뿌듯했다.

'나 물건을 사는 것만큼 물건을 파는 것에도 재능이 있는 거 같아. 커서 마케터를 해 볼까.'

금리가 속으로 생각하고 있는데 어디선가 익숙한 목소리가 들렸다.

"금리 학생, 이제 돌아갈 시간이에요."

"어, 이 목소리는 자본주의 편의점 할아버지인데?"

금리는 할아버지를 찾아 주변을 두리번두리번거렸다. 목소리는 팝업 스토어 한쪽에 있는 거대한 곰돌이 인형 안에서 들려왔다.

"할아버지? 할아버지도 곰돌이가 되신 거예요?"

"하하! 금리 학생, 돌아오고 싶으면 이 곰돌이와 하이파이브를 하세요."

"하이파이브요? 오늘 미션은 다 어렵네요."

금리가 이 커다란 곰과 어떻게 하이파이브를 할지 고민하고 있었다. 그때 왕예리 실장이 금리에게 다가왔다.

"이제 팝업 스토어는 끝났어요."

"그럼 오늘 일은 다 끝난 거죠?"

"아뇨. 이거 전부 철수하고 깨끗이 청소해야죠."

"네? 이렇게 이쁘고 귀여운 걸 다 치운다고요?"

"맞아요. 팝업 스토어는 잠깐만 운영되는 가게니까요. 자, 힘을 냅시다! 이제 곰돌이 탈은 벗고요."

'에구, 일이 끝이 없네. 팝업 스토어가 끝났는데 또 일을

해야 한다니! 청소는 정말 싫어!'

금리는 고개를 강하게 젓더니 높이 뛰어올랐다. 그리고 거대한 곰돌이 인형의 팔에 자신의 발을 척 올리며 소리쳤다.

"하이파이브! 저 이제 돌아갈래요!"

그러자 곰돌이 인형에서 엄청난 빛이 뿜어져 나왔다. 그 순간 금리는 다시 자본주의 편의점 안으로 돌아왔다.

"오예! 다시 자본주의 편의점이다!"

할아버지가 환하게 웃으며 금리를 반겨 주었다.

"금리 학생, 이번에도 재밌게 다녀왔나요?"

금리는 신이 나서 대형 쇼핑몰에서 곰돌이 탈을 쓰고 재주를 부리며 손님을 끌어모은 이야기를 했다.

"할아버지! 제가 팝업 스토어를 해 보니까 정말 별의별 마케팅이 다 있더라고요. 보통 사람들은 줄 서는 걸 싫어하잖아요? 그런데 줄 세우는 것도 마케팅이 될 수 있대요."

"맞아요. 줄을 세워서 더 인기 있어 보이게 만드는 거죠. 사실 요즘은 마케팅 기법이 들어가지 않은 곳을 찾기가 더 힘들어요. 쇼핑몰에 들어서면 느껴지는 쾌적한 온도, 향기, 조명 같은 것도 모두 마케팅이라고 볼 수 있죠."

금리는 할아버지 말에 편의점을 둘러보았다.

'그러고 보니 편의점은 항상 밝고 환하잖아. 늘 청결하고. 거기에 1+1 제품들과 한정판 특집 부스도 눈에 띄게 해 놓았네.'

금리가 생각해 보니 이 편의점이야말로 마케팅의 정점인 곳 같았다.

"어쩐지, 제가 여기만 오면 지갑이 열린다 했더니……. 할아버지가 진짜 마케팅왕이었네요."

할아버지는 크게 웃으며 말했다.

"모르는 사람들은 그저 기분이 좋아져서 물건을 사는 줄 알지만, 아는 사람에게는 보이는 게 바로 마케팅이죠. 하하."

자본주의 편의점 한쪽에서 두 사람의 웃음소리에 맞춰 땡그랑땡그랑 동전 쏟아지는 소리가 울렸다. 밤하늘의 별처럼, 자본주의 편의점 천장의 돈처럼 우리가 사는 세상에 가득한 마케팅 기법들, 금리의 눈앞에 다채로운 마케팅의 세계가 활짝 펼쳐지고 있었다.

안녕히 가세요.
여기는 돈 이야기가 가득한
자본주의 편의점입니다.

초판 1쇄 발행 2025년 7월 17일
초판 2쇄 발행 2025년 11월 28일

지은이 정지은·이효선
그린이 김미연
감　수 이성환

펴낸이 김남전
편집장 유다형 | 편집 이경은 김성윤 김선경 | 디자인 양란희
마케팅 정상원 한웅 정용민 김건우 | 경영관리 김경미

펴낸곳 ㈜가나문화콘텐츠 | 출판 등록 2002년 2월 15일 제10-2308호
주소 경기도 고양시 덕양구 호원길 3-2
전화 02-717-5494(편집부) 02-332-7755(관리부) | 팩스 02-324-9944
홈페이지 ganapub.com | 인스타그램 instagram.com/ganapub1
페이스북 facebook.com/ganapub1

ISBN 979-11-6809-191-7 (74320)
　　　979-11-6809-149-8 (세트)

※ 책값은 뒤표지에 표시되어 있습니다.
※ 이 책의 내용을 재사용하려면 반드시 저작권자와 ㈜가나문화콘텐츠의 동의를 얻어야 합니다.
※ 잘못된 책은 구입하신 서점에서 바꾸어 드립니다.
※ '가나출판사'는 ㈜가나문화콘텐츠의 출판 브랜드입니다.

・제조자명: ㈜가나문화콘텐츠
・주소 및 전화번호: 경기도 고양시 덕양구 호원길 3-2 / 02-717-5494
・제조연월: 2025년 11월 28일
・제조국명: 대한민국
・사용연령: 4세 이상 어린이 제품

가나출판사는 당신의 소중한 투고 원고를 기다립니다. 책 출간에 대한 기획이나 원고가 있으신 분은
이메일 ganapub@naver.com으로 보내 주세요.